Carmen Thomas
Profi-Kopfrezepte

Erfolgreich mit Kritik umgehen

mit
– das geniale System mit den
Pit-Haftzetteln

Feedback und Kritik

Über dieses Buch

Carmen Thomas sammelt seit 1968 im Umgang mit dem Publikum beim WDR, bei zahlreichen Veranstaltungen, bei Beratungen, bei Coachings und Seminaren wichtige Erfahrungen und Erkenntnisse darüber, wie Kommunikation besser funktioniert. Die Spezialität der Kommunikations-Expertin sind interaktive Gruppen- und Veranstaltungs-Methoden. Aus dieser Arbeit hat sie die neuartige Denk-, Kommunikations und Handlungs-Methodik Vistem - Visualisieren mit System - in der Praxis entwickelt.

Dieser Band stellt Ihnen die Vistem-Methode vor und zeigt Ihnen, wie Sie damit in Ihrem Alltag neue Wege für sich finden können.

Zum Gebrauch

Drei Hauptfiguren führen spielerisch durch den Methoden-Text und begleiten Sie bei Ihren ersten Schritten auf dem Weg zu neuen Erkenntnissen.
■ »Markus Mai« moderiert das Vorgehen und versorgt Sie mit leicht verständlichem Hintergrundwissen. Diese Passagen erkennen Sie an der schwarzen Schrift.

FAZIT ▷ Informationen mit diesem Zeichen bringen das Gesagte auf den Punkt.

TIPP ▷ Diese Kästen bieten Ihnen zusätzliche praktische Anregungen.

 ■ *Thea Testalina, dieVistem-Trainerin, erläutert an Beispielen mit der Testperson Anton Auster neue Wege für den Alltag. Diese Anleitung zum Mitmachen auch für Sie selbst erkennen Sie an der dunkelblauen Schrift.*

TEST ▷ Dieses Symbol soll zum Üben und Mitmachen ermuntern.

 ■ Anton Auster ist Test-Person und möchte durch »learning by doing« die neuen Methoden und Techniken kennn lernen. Die hellblauen Textteile beinhalten seine Kommentare, Fragen und Einwände.

Die Farb-Sprache
Auf der Umschlag-Vorderseite innen finden Sie den Überblick über die Vistem-Farb-Sprache. Hier können Sie immer nachschlagen, wenn Sie bei Ihren Tests mit Farben ordnen oder gewichten möchten.

Das Pit-Kit
Zum Testen und Mitmachen liegt das Kit mit den Pits in den sechs verschiedenen Vistem-Grund-Farben bei.

Die Trainingskarten
Einen Vorschlag für tägliche 3-Minuten-Trainings finden Sie auf der Umschlag-Rückseite innen.

Zum Anwärmen – das Handwerkszeug

Hallo, guten Tag. Vor dem Start, also bevor Sie tiefer in das Thema Feedback und Kritik einsteigen, ein paar knappe Details zum Kennenlernen. Also: Mein Name ist Markus Mai. Ich bin der Moderator. Die Vistem-Methoden, die Sie hier kennen lernen, wurden ab 1982 zunächst im Einzel-Coaching, in Workshops und Seminaren und ab 1988 in der beruflichen Praxis entwickelt. Vistem ist vor allem dazu da, Stress und Ängste im Umgang mit sich selbst und anderen zu verkleinern, in Alltagssituationen mit Sachfragen lust- und phantasievoller und mit Problemen professioneller oder auch mal anders als gewohnt umgehen zu können.

Zugleich zum Aufwärmen für Leser-innen, die schon die beiden anderen Bände kennen: Das Prinzip verstehen und vertiefen. Das Thema beginnt auf Seite 12.

Hier und heute möchte das Vistem-Team Ihnen behilflich sein, kurz und präzise das geniale Feedback- und Kritik-System: »Vistem« mit seinen Hilfsmitteln und Methoden kennen zu lernen und zu testen, um Ihnen dadurch Anregungen für Ihre eigene Umgangs-Kultur im Alltag zu geben.

Vistem mit System

Zum Einstimmen mache ich Sie mit Vistem und dem ersten Pit – das kommt von **P**ost-**it**-Klebezetteln – bekannt:

»Visteeem« – spricht sich wie System, sozusagen mit drei »e«, weil es für **Vis**ualisieren mit Sys**tem** steht. Vistem liefert Ihnen Handwerkszeug ganz praktischer Art, um sich selbst und anderen Gedanken und die flüchtige Sprache blitzschnell in bearbeitbares und farblich gewichtendes Material zu verwandeln. Statt Einfälle, zu Sagendes oder Gesagtes sich in Luft auflösen zu lassen oder unverrückbar schwarz auf weiß auf Papier festzuhalten, erst einmal flexibel **hinkleben** oder **»pitten«**. So kann man anderen jede Art von Kommunikation ohne Zeitverlust präsentieren und damit im doppelten Sinne **vor Augen führen** und **in den Raum stellen**.

Das geht ganz einfach:
1. Schritt: Farbe wählen, denn Farbe = Gewicht und Ordnung
2. Schritt: Draufschreiben und mit Sinn hinkleben
3. Schritt: Präsentieren = vor Augen führen,
        = in den Raum stellen, d. h.
         Pits an die Wand, die Tür, den Schrank,
         das Fenster kleben oder auf Farb-Fonds
         fixieren und im A 5 bis A 1 – Format auf
         Präsentern (siehe Seite 30) präsentieren.

Wenn Augen und Ohren dasselbe tun, steigt das Verstehen und sinken Stress und Missverständnisse. Das verändert die Kommunikation in der Tiefe. Wahrscheinlich fragen Sie sich gerade: Änderungen, wer will das schon? Bei Ihnen im Betrieb wird möglicherweise auch dauernd davon gesprochen. Doch dann gibt es oft nur neue Computerprogramme. Aber untereinander tut sich meistens nicht viel. Das ist ja auch schwieriger. Deshalb lautet das Motto hier:

»Nur wer sich ändert, bleibt sich treu« (Wolf Biermann).

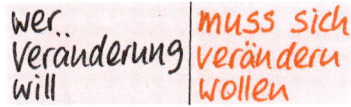

wer Veränderung will | muss sich verändern wollen

Das Test-Team

Who is who? Hier das Test-Team

An dieser Stelle möchte ich Thea Testalina bitten, sich Ihnen vorzustellen.

Thea Testalina
Vistem-Trainerin

Gerne. Mein Name ist Thea Testalina. Ich bin Vistem-Trainerin und ich möchte Ihnen zum Thema »Feedback und Kritik« heute neue Wege zeigen. Ich freue mich darauf und möchte jetzt Sie, Herr Auster, bitten, den Leserinnen und Lesern zu sagen, wer Sie sind.

Ja gut. Mein Name ist Anton Auster. Ich bin von Beruf Abteilungsleiter, verheiratet, und ich habe zwei Kinder im Alter von 11 und 7 Jahren.

Vielleicht sagen Sie noch, wie Sie hierher gekommen sind.

Sie suchten eine unbefangene, unabhängige, kritische Testperson für Kommunikationsfragen, die sich trotz Erfahrung einen Rest an Experimentierfreude bewahrt hat. Das bin ich. Obwohl, was das Thema Veränderung angeht – da bin ich eher skeptisch.

Anton Auster
Abteilungsleiter
und Testperson

Wie lässt sich etwas verändern?

Zurecht. Denn echte Veränderungen geschehen nicht durch gute Vorsätze. Sie benötigen drei Dinge: hilfreiches Handwerkszeug, durchdachte Methoden und ernsthafte Ausdauer, Neues oder Anderes zu trainieren. Alles drei wird Ihnen heute zum Testen angeboten. Am Ende dieses Exkurses sollten Sie neue Möglichkeiten zum Thema »Feedback und Kritik« kennen und einige davon am Ende auch spontan anwenden können. Hier das »Menü« auf einen Blick, das Sie dann allein mit sich oder mit anderen, im Beruf und auch zu Hause, trainieren können:

Hier das Hand-
werkszeug und
die Methoden zum
Testen. Vielleicht
haben Sie Lust,
gleich mitzu-
machen.

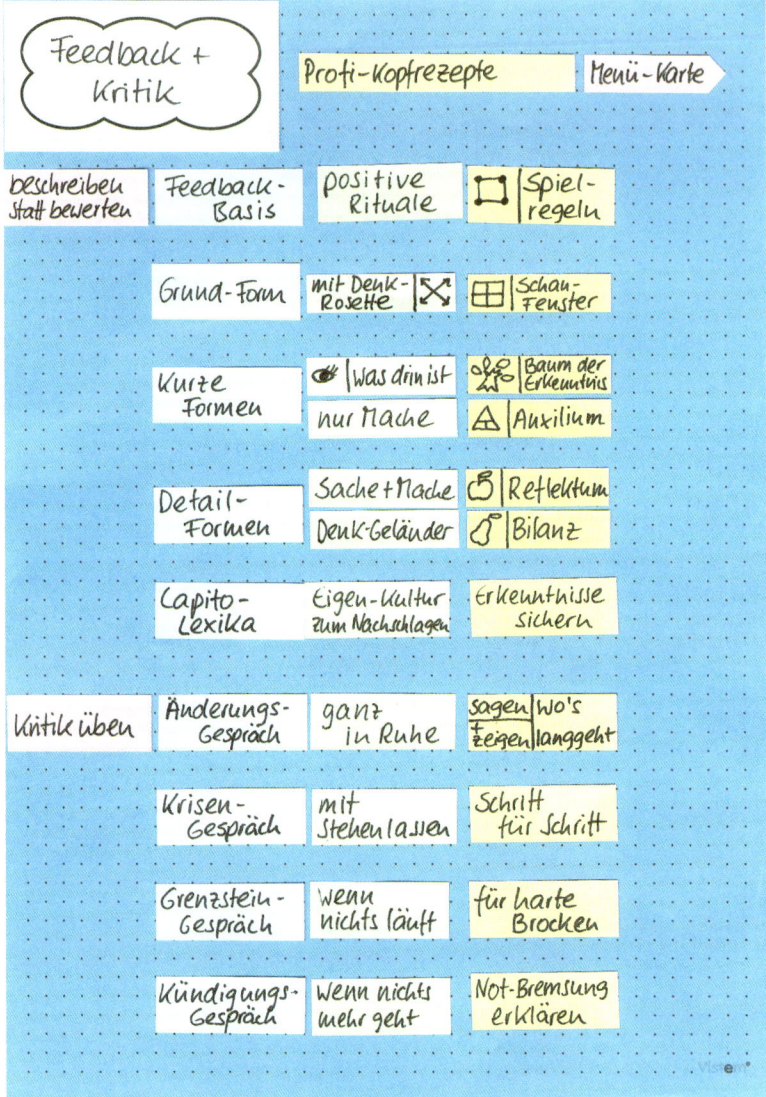

Sieht ja reichlich, aber auch nach reichlich fremder Kost aus.

Fremd und anders ist schon richtig. Sie wissen ja, wie man - nach einer indischen Weisheit - einen Elefanten isst: Bissen für Bissen. Unser heutiges Elefanten-Menü können und sollen Sie ebenfalls portions- und häppchenweise zu sich nehmen. Das Profi-Kopfrezepte-Menü bietet eine Auswahl als Angebot. Was Sie davon später machen oder lassen, ist allein Ihr Ding. Hier werden Sie an dem, was Ihnen serviert wird, in der vereinbarten Zeit von drei Stunden nur nippen können. Trainieren, vertiefen und abschmecken müssen Sie dann mit sich selbst und anderen.

Hier können Sie herausfinden, ob Sie lustvolle Kopfrezepte und neue Werkzeuge für geistige Nahrung mit der gleichen Experimentierfreude und Offenheit probieren wie neue Kochrezepte für Feinschmecker. Der Wegweiser zur Verfeinerung der Kommunikation steckt im MItmachen:

Trainieren, Vertiefen und Verfeinern gehören regelmäßig dazu, wenn Sie neue Werkzeuge gezielt einsetzen möchten.

Die Mitmach-Philosphie

sagst du's mir	→ verges' ich's
zeigst du's mir	→ merk' ich's mir vielleicht
lässt du's mich mitmachen	→ versteh' ich's

Diese Einladung ist umso wichtiger, weil Reden nicht gleich Reden ist. Es ist schon allein ein Unterschied, ob Sie mit sich selbst, mit Vertrauten, mit Kolleginnen oder mit Kollegen, mit Vorgesetzten oder mit Offiziellen kommunizieren. Bereits die Zielgruppe hat auf alle Kommunikations-Bereiche großen Einfluss: aufs Kreativieren, also auf das Ideensuchen, -finden und -optimieren, aufs Denken, Reden, Gestalten und Handeln und ganz besonders aufs Feedback geben, Kritik üben und bekommen. Jede Art von Kommunikation funktioniert nach den sechs W's: wozu, was, mit wem, wann, wo, womit – oder anders gesagt: Ziele, Inhalte, Zielgruppen, Zeit, Rahmen, Hilfsmittel. Kommunizieren besteht außerdem stets aus drei Teilen:

Vorarbeit	Handeln	Nacharbeit
= Werkzeuge kennen	= vorbereiten	= auswerten
können	durchführen	zuordnen
auswählen	nachbereiten	einspeisen

Ohne Training geht nix

Doch bevor Sie mitmachen, Herr Auster und auch Sie, liebe Leserinnen und Leser, sollen Sie zunächst einen grundsätzlichen Einblick in die Vistem-Methodik bekommen.

Vorab: Von nix kommt nix oder Übung macht die Meisterschaft

Es funktioniert wie beim Kochen: Mal geht Dazulernen fix, mal geht was daneben, mal brennt etwas an. Auf Dauer gelingt alles besser. Oder ein Beispiel aus einem anderen Bereich: »Auto fahren lernen«:

Erst muss jede Handlung bewusst eingeübt werden:
- den fließenden Verkehr, Fußgänger und Fußgängerinnen beachten etc.,
- in den Rückspiegel schauen,
- Blinker betätigen,
- kuppeln,
- den richtigen Gang finden,
- gleichzeitig Kupplung kommen lassen,
- Gas drücken, lenken.

Durch tägliche 3-Minuten-Trainings werden Sie sicherer.

Wenn die einzelnen Tätigkeiten sitzen, schauen Sie nur noch auf die Straße und machen das Handwerkliche fast unbewusst. So sind auch die Methoden und Techniken des Profi-Kommunizierens aufgebaut. Alle Einzelfacetten können und wollen bewusst in 3-Minuten-Trainings erworben werden. Nach Ablauf von – je nach Typ – vier bis zwölf Wochen »schauen Sie nur noch auf die Straße«, achten auf Ihr Umfeld, die Wege und das Ziel, wohin Sie möchten.

Der neue andere Gedanke von Vistem ist, dass Kreativität, Denken, Planen, Reden, Handeln, Auswerten, Feedback und Kritik – wenn sie beruflichen Zwecken dienen – genau wie das Lesen, Schreiben und Rechnen, eine Fremdsprache oder das Klavier spielen erworben und trainiert sein wollen. Vistem liefert dazu das nötige Handwerk zeug und ausgeklügelte Methoden, die behilflich sind, mit sich und anderen schneller, einfacher und effektiver zu kommunizieren.

Die Crux: Vielen Menschen ist der Unterschied zwischen Profi-Kommunkation und »Gut-reden-können« so wenig bewusst. Haben Sie sich schon mal gefragt, warum Michael Schumacher noch täglich trainiert: er kann doch schon Auto fahren. Genau um diesen Unterschied geht es: Nicht Auto, sondern Rennen fahren können, sich in einer Fremdsprache nicht nur verständigen, sondern dolmetschen können; Klavier spielen nicht nur zu Hause für sich, sondern im Konzert – sprich gegen Geld. Um diesen anderen Professionalitätsbegriff geht es für alle, die nicht nur angenehme Schwätzchen halten oder lange Gespräche führen, sondern zielgerichtet optimiert kommunizieren wollen oder sollen.

Das Vistem-Fundament

Die sechs verschiedenen Grund-Farbtöne der Pits sind die Farb-Sprache von Vistem. Das ist das Fundament: Mit jeder Farbe wird eine andere Information geliefert. So klären Notizen auf Pits auf einen Blick: Haupt- und Nebengedanken, offene und wichtige Aspekte, Erwünschtes und Störendes.

Die Farb-Sprache

Mit der Farb-Sprache von Vistem haben Sie viel mehr Möglichkeiten, sich und anderen Zusammenhänge klar und schnell darzustellen (siehe vordere Umschlagseite innen):

Farben strukturieren und gewichten Inhalte und helfen beim Erinnern.

- Die Farben strukturieren und gewichten Inhalte auf einfache und zugleich sachliche Weise.
- Einfälle, Gedanken, Gefühle, Gesprochenes oder Geschriebenes können Sie sich selbst oder anderen eindeutig vor Augen führen.
- Die Farben helfen, tiefer zu denken, kreativere Lösungen zu finden und die Sache, um die es geht, leichter zu verstehen.
- Da Augen und Ohren angesprochen werden, gelingt es zuverlässig, Hirn und Herz aller Beteiligten einzubeziehen. Das bedeutet mehr »Spaß haben«. Und wer Lust hat, ist motivierter und besser.
- Farben, Formate und Freude helfen beim Erinnern.

Pits nutzen oder Strukturieren per »Farb-Info«

Gelb, blau und weiß sind die so genannten Hirnfarben. Der Sinn-Ordnung entsprechend werden Sie auf einem Visual – das ist eine mit Pits gestaltete Seite – eingesetzt, d. h. Sie machen sich klar:
1. Was ist die Überschrift Ihres Themas (Wolken-Titel-Pit?)
2. Welches sind die Ober-Punkte (blau?)
3. Welches die Unter-Punkte (gelb?)

Fixieren:
1. **Titel-Pit** (mit Wolke) kommt direkt oben links auf den Vistem-Fond (DIN-A5 oder A4-Farbpapier). Erläuternde »Dachzeilen«-Pits zum Titel werden rechts daneben angeordnet. (Das hilft, wie auch bei normalen Texten, ins Links-nach-Rechts-Lesen hineinzukommen und nicht in Kolonnen zu lesen.)
2. **Blaue Pits** (wie der Himmel): oben mit den Ober-Punkten in die linke Spalte kleben
3. **Gelbe Pits** (wie der feine Sand): Kommen unten mit den entsprechenden Unter-Punkten in die zweite Spalte.
4. **Weiße Pits** (wie die Unschuld): mit offenen Punkten, Fragen, zu Klärendem oder zu Tuendem sinnhaft einordnen.
Daten, Zeiten und Zahlen notieren Sie am besten auf gelben Detail-Info-Pits, wenn sie verbindlich sind. Und auf weiße Pits klebt, wer's noch nicht weiß.

Gewichten mit Pits

Selbst wenn die Informationen zu den Farben unterbleiben, werden sie dennoch verstanden: Sie sind mit dieser Bedeutung im Unbewussten archetypisch so gespeichert.

Rot, grün und grau sind die Herz-Farben, mit denen Sie sich selbst und anderen Ihre Einschätzung und Schwerpunkte verdeutlichen.

- Rot – die Alarmfarbe ist für Wichtiges.
- Auf Grün – die Farbe der Hoffnung – kommen alle Wünsche und das, was erfreulich ist.
- Grau steht – wie alles Triste – für das, was stört oder missfällt.

Wenn Sie Teams, Chefs, Kundschaft oder auch Kinder überzeugen wollen, führen grüne Pits häufiger zum Erfolg als rote oder graue. Die Störungs-Farbe Grau ist immer dann nützlich, wenn Sie sich normalerweise durch Meckern, Keifen, Schmollen oder Weinen Luft verschaffen würden. Vorzug: eine graue Seite mit grauen Pits macht Störendes glasklar. Gleichzeitig können Sie sachlich und respektvoll bleiben, und haben selbst weniger Stress.

Ausblick in die Hohe Schule: In Rangfolge bringen – »Farb-Ranking«

Hirn- und Herzfarben werden normalerweise nach Logik und Emotion kombiniert. Mit Vistem können Sie zusätzlich komplizierte Gedanken, Inhalte oder Projekte tiefengenau differenziert darstellen (siehe Trainingskarte hintere Umschlagseite innen). Bei dieser Anwendung erhalten rote und grüne Pits eine **zusätzliche Ordnungsbedeutung**.

Das funktioniert in der Praxis so:

- Stellen Sie fest, ob mehrere blaue Ober-Punkt-Pits einen roten **Über-Ober-Punkt** ergeben. Der wird dann in Spalte 1 fixiert.
- In Blau folgen in der zweiten Spalte die normalen Ober-Punkte.
- Wenn es der Sache dient, können Sie grüne Pits als Unter-Ober-Punkte in der dritten Spalte einführen.
- Info-Details folgen auf **Gelb** in Spalte 4.

Am Beispiel (waagerecht angeordnet):
Wald = Rot, **Baum** = Blau, **Äste** = Grün, **Blätter** = Gelb
oder
Material = Rot, **Stifte** = Blau, **schwarz** = Grün, **20** = Gelb,
Papier = Blau, **gerastert** = Grün, **30** = Gelb

> ## TIPP
>
> Fangen Sie zum Einsteigen erst einmal gemütlich nur mit Blau und Gelb an. Dann fällt Ihnen nach kurzer Zeit sicher auf, dass es unklare, wichtigere, erfreulichere und problematischere Punkte gibt, und Sie merken, wie viel Zeitgewinn und weniger Missverständnisse Sie haben, wenn Sie sich das selbst und anderen vor Augen führen. Erst wenn Sie die einfache »Farb-Sprache« sicher beherrschen, können Sie später das »Farb-Ranking«, also das Hierarchisieren für Komplexeres nutzen.

Mit Pits be-greifen – oder Vistem und der PC

Je kleiner die Pits, umso größer der Überblick und umso genauer die Aussage ohne überflüssige Füllwörter.

Mit kleinen Pits zu arbeiten, braucht bei manchen Menschen Training (es gibt allerdings – je nach Bedarf und Geschick – neun Formate von Mini- bis Maxi-Pits in Briefkartengröße). Vistem existiert auch als PC-Programm. Die Erfahrung zeigt jedoch, dass im Gehirn ganz andere Vorgänge ausgelöst werden, wenn man mit Hirn, Herz und Hand arbeitet (Stichwort: rechte und linke Hirnhälfte). Deshalb wird hier vermittelt, wie die Vorarbeit zunächst mit den Händen geht. Wenn das Ergebnis dann fertig durchdacht ist, kann es per Scanning auf Folie kopiert (= fixe Overhead-Präsentation) oder per »Vistem-Comet« (**Co**mputer**met**hodik-Programm) in den PC übernommen werden.

Die entscheidenden Unterschiede
Mit dem Vistemen per Hand erhalten Sie ein Werkzeug für:
- präzise Denkschärfe mit der Verführung, durch die Kleinheit der Pits auf den Punkt genau zu formulieren (= Hirn);
- die emotionale Gewichtung über den Anreiz durch die Pit-Farb-Sprache (= Herz);
- die Möglichkeit, Gedanken, zu Sagendes, Gesagtes und zu Tuendes in handhabbares Material zu verwandeln. Der Gewinn ist, die flüchtigen Gedanken oder Worte blitzschnell zu materialisieren, zu fixieren und mit verschiedenen Anordnungs-Strategien leichter und ohne langes Reden begreifbar zu machen (= Hand).

Da Änderungen spurlos – ohne hässliches Durchstreichen mit wenig Mühe – zu leisten sind, steigt auch die Bereitschaft, Anregungen und Kritik zuzulassen. Wer klebt, ist verhandlungsbereiter und automatisch weniger rechthaberisch. Die Methode ist in sich ein Symbol für Flexibilität und Weiterwachsen. Außerdem wird (selbst-)kritisches Denken nicht zu früh durch die blendende formale Perfektion des PC behindert.

Der PC ist die Methode der Wahl für handwerklich Ungeschicktere bzw. Desinteressierte, oder Menschen mit schwer lesbarer Handschrift. (Zur Handschrift und ihrer Schönheits- und Wirkungskultur haben die Chinesinn-en die »Kalligrafie« entwickelt. Eigentlich sollten Sie mehr dazu erfahren, da die Auswirkungen für sich selbst wie für andere so tief greifend und bei uns so enorm unterschätzt sind. Aber dazu reicht die Zeit hier und heute leider nicht.)

Die Idee ist deshalb grundsätzlich, dass sich handschriftlich Vistemtes und der PC ergänzen: Zuerst per Handschrift mit sinnlichem Fühlen und Be-greifen mit den Händen werken – geht meist dreimal so fix wie im PC. Dann im Computer hochglanzmäßig, mit allen Segnungen der Technik versehen, bei Bedarf weitergestalten.

Feedback geben und bekommen

Feedback baut auf einen inneren freiwilligen Lernprozess ohne Druck. Kritik will spontane Änderung – zur Not entgegen eigener Einsicht.

Der Unterschied zwischen Feedback und Kritik ist so groß wie der zwischen Äpfel und Birnen. Beides ist Obst. Aber ansonsten sind beide Früchte etwas ganz Eigenes. Kritik dient der raschen Änderung, der Begrenzung oder der Beendigung. Feedback dagegen baut auf einen Prozess. In der Rückkopplung wird beschrieben und nicht bewertet. Und das mit festen Spielregeln, auf die sich die einzelne Person oder die Gruppe verlassen kann. Im ersten Teil dieses Buches können Sie nähere Bekanntschaft mit dem Feedback machen. Der zweite stellt Ihnen verschiedene Kritik-Arten vor (ab Seite 44).

Wo kommt das her – Feedback?

Das Wort »Feedback« bedeutet Rückkopplung und kommt ursprünglich aus der Kybernetik. Dort beschreibt es u.a. den Prozess der Selbstoptimierung durch Selbstorganisation und Selbstregulierung. Genau das ist das Ziel. Hier ist damit die regelmäßige Rückmeldung zu einem Thema, einer Leistung und/oder zum Umgang mit sich selbst und im Team gemeint. Die verbindlichen Spielregeln helfen, dass das Feedback – weil das den Prozess der Selbstregulierung befördert – achtsam, stress- und kränkungsarm und zugleich effektiv gelingt. Statt zu bewerten, baut die Rückkopplung auf einen langsamen Entwicklungsprozess, der systematisch und freiwillig von innen geschieht. Das führt mit Training und Geduld zu der gewünschten Selbstoptimierung. Leider hat das Deutsche kein rechtes eigenes Wort für »Optimieren«. Richtig übersetzt hieße es »Verbestmöglichen« – nicht verbessern, denn das bedeutet, dass es vorher schlecht war.

Gestatten Sie: Das klingt mir zu theoretisch.

Am Beispiel: Bitte überlegen Sie, wann und wofür Sie normalerweise Feedback geben. Und: wann und wofür wünschen Sie sich selbst Feedback, das über »Danke, prima« hinausgeht. Was Feedback genau beinhaltet, und wozu es dienen soll, kommt gleich. Zunächst die Frage nach Ihrer eigenen Feedback-Art: Wann genau haben Sie zuletzt Feedback gegeben?

Es ist ein Weile her. Es war, als die Müllerin, das ist meine Sekretärin, den Projektbericht wirklich gut am PC gestaltet hat. Da habe ich »echt super Sonderklasse« zu ihr gesagt.

Wusste Frau Müller, was Sie meinten?

Na klar, die PC-Gestaltung.

Worauf hat sich Ihre Anerkennung denn genau bezogen?

Das sagte ich doch gerade. Worauf wollen Sie denn hinaus?

Auf ein präzises Feedback, das die Sache und die Leistung genau benennt, und zum Ausdruck bringt, was Ihnen weshalb gefallen hat. Frau Müller weiß zwar selbst, was sie gemacht hat. Aber sie weiß nicht, was genau Sie weshalb daran so entzückt.

Der springende Punkt ist, Menschen Hilfestellung zu geben und Ihnen genau zu zeigen, wo's langgehen soll. Andere sollen Ihnen schließlich nicht wie eine gute Mama oder ein lieber Papa die Wünsche von den Augen ablesen. Um Wünsche erfüllt zu bekommen, ist Voraussetzung, dass Sie sich selbst darüber klar werden, was Sie wollen und wie Sie etwas wollen. Also Sache und Mache präzise wissen, ist die Voraussetzung, damit es optimal laufen kann. Ein permanenter Feedback-Prozess hilft allen Beteiligten, Transparenz über das zu gewinnen, was nützt und über das, was schadet, und zwar in der Monaktion wie in der Koaktion.

Monaktion und Koaktion

Das sind zwei Paar Schuh: Monaktion heißt professionell mit sich selbst, Koaktion professionell mit anderen. Und außerdem lohnt es, Sache und Mache trennen zu lernen.

Fachbegriffe sind eine Kröte. Andererseits machen sie aber klar, dass es um genaue Klärung für eine professionell definierte Leistung geht. »Monaktion« meint, für sich selber eigene Werkzeuge, Methoden, Techniken und Strategien professionell zu kennen und zu können. Die meisten Menschen geben sich enorm viel Mühe in der »Koaktion«, also im professionellen Umgang mit anderen. Mit sich selbst arbeiten sie dagegen oft steinzeitlich unmethodisch und unprofessionell.

Ab sofort könnnen Sie das ändern. Wer möchte, kann es – wie vorne schon am Auto- und Rennen fahren gezeigt – leicht trainieren. Sicher stimmt, dass Begabung bei allem nützlich ist. Das meiste bewirken jedoch Handwerk und Ausdauer. Die Ausrede »Ich kann das nicht« gilt nicht. Niemand würde erwarten, Lesen, Schreiben, Rechnen, eine Fremdsprache oder Klavier spielen in einem 3-Tages-Workshop erlernen zu können. Für die Kommunikation, die ungleich komplexer ist, wenn sie professionellen Zielen dienen soll, gilt selbstverständlich dasselbe.

Das bedeutet im Klartext, dass ich auch (und vielleicht sogar zuerst) monaktionelle Formen des Feedbacks lernen kann, bevor ich in die Koaktion gehe. Voraussetzung zum Optimieren ist: was war wie und weshalb und wie soll was genau weshalb so oder anders sein. Verstehen ist die Basis von Kooperation und Motivation.

Bitte testen Sie's.

 »Kurz und bündig« auf den Punkt pitten

Hier ist ein grünes Pit, also ein Klebezettel mit System. Da Grün die Hoffnung ist, kommt alles, was Sie sich wünschen oder was Ihnen gefällt, auf ein grünes Pit.
Na ja, der Zettel ist erfreulich klein, da braucht man keinen Roman zu schreiben. Allerdings ist er doch viel zu klein, um Wesentliches darauf unterzubringen.

Testen Sie's: Bitte schreiben Sie einfach knapp auf, was an der Arbeit von Frau Müller so anerkennenswert war.

 *Was meinen Sie damit?*
Sie hat sinnverstärkend Schriftarten eingesetzt.

Weshalb hat Ihnen das besonders gut gefallen?
Es zeigte, dass sie mitgedacht hat. Das Lesen war für Fremde viel leichter. Wie Sie sehen, passt das doch gar nicht auf so ein kleines »Pit«.

Vielleicht nicht auf eins, aber auf zwei. Denn Sie haben gleich zwei erfreuliche Punkte genannt: Dass Ihre Sekretärin mitgedacht hat und gleichzeitig die Lesbarkeit verbessert hat. Welcher von beiden Punkten ist Ihnen wichtiger, und welcher freut Sie mehr?
Die Lesbarkeit ist natürlich wichtiger. Und an ihrem Mitdenken hatte ich Spaß.

Dann bitte ich Sie jetzt die erste Information auf ein rotes Pit für »wichtig« zu schreiben und die zweite auf ein grünes für »hat mir gefallen«.

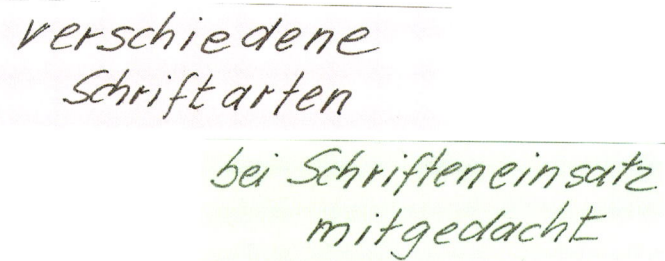

Der erste Schritt ist, das »Was« genau zu benennen. Jetzt fehlt noch, das Weshalb, damit Ihr Gegenüber Sie wirklich versteht.
Was meinen Sie mit »weshalb«?

»Feedback stormen«

Erst das Spiel und dann die Arbeit: chaotisch stormen, dann tiefengenau strukturieren. Das ist der Weg, um blitzschnell zu besseren Ergebnissen zu kommen.

Was kann an der Schriftart denn sinnverstärkend sein? Stormen Sie doch mal mit mir los. Mit Stormen meine ich, einfach unkontrolliert Einfälle fließen zu lassen und aufzuschreiben. Ich demonstriere mal: Zu Schriftart fällt mir ein:

Größe, Format
Formen
Formen: passend zum Inhalt
Aussage: modern, antik, nüchtern, verspielt, standard, originell
Konsequenzen daraus
Wirkung: sinnunterstützend
Abwechslung
fett, unfett
kursiv
Lesbarkeit
Systematik
Arbeitsaufwand beim Tippen
platzsparend oder platzgreifend

Stop, stop, wie kommen Sie denn auf so viele Punkte?

Das habe ich trainiert (siehe »Kopfrezepte – Erfolgreich Ideen finden mit Vistem«). Wenn Sie mitstormen, werden es noch mehr. Vorzug: Auf diese Weise werden zunächst mal Ihre eigenen Bewertungsmaßstäbe für Schriftarten deutlicher. Wenn Sie aus den Einfällen nun die Ihnen wichtigsten auswählen und genau benennen, wird die Leistung für Sie selbst und für andere transparent, nachvollziehbar und damit – das ist besonders wichtig – wiederholbar. Allen wird klar, was Sie brauchen und schätzen. So entsteht der Grundstein für Ihre Qualitäts-Kultur. Deshalb noch einmal die Frage: Was genau hat Ihnen weshalb bei Frau Müllers Art, mit den Schriften umzugehen, gefallen bzw. was war Ihnen daran wichtig?

Na, wichtig war, dass der Chef den Inhalt dadurch viel schneller und leichter verstehen konnte.

Prima, dann unterteilen Sie Ihre Pits nach diesem Muster bitte so, dass diese Botschaften darauf Platz haben. Ich mache Ihnen ein Muster.

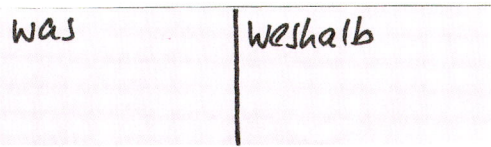

Auswahl | Aussage | Lesbarkeit
Schriftarten | seriös | verbessert
für Fremde

Ihre Auswahl | unterstrich die
von 6 | Seriosität der Aussage
Schriftarten | verbesserte Lesbar-
| keit für Fremde

Das Beispiel demonstriert, dass auf einem Pit vier nonverbale und zehn verbale Aussagen Platz haben:

Nonverbal – also wortlos:
1. Rotes Pit = Wichtig
2. Vordere Monade (so heißt die Ein-Teilung) = was
3. Hintere Monade Oben = erstes weshalb
4. Hintere Monade Unten = zweitens weshalb

Verbal:
1. Ihre = Idee Frau Müller
2. Auswahl = Leistung
3. von sechs = Menge registriert
4. Schriftart = Bezug oder Sache, um die es geht
5. unterstrich = Folge
6. Seriosität = Wirkung
7. Aussage = Ziel
8. verbesserte = Sinn
9. Lesbarkeit = Gewinn
10. für Fremde = Zielgruppe

Dass es so viele sind, merkt das Gegenüber doch gar nicht

Nicht so bewusst und aufgeschlüsselt. Aber Frau Müller z. B. spürt es und freut sich bestimmt, dass Sie über diesen Arbeitsschritt so ernsthaft nachgedacht und ihn anerkannt haben. Das kann sie beflügeln, das nächste Mal daran weiterzuarbeiten. Ich zeige Ihnen rasch noch eine Alternative:

für Fremde | durch | Kursiv
z.B. Chef | Wechsel | fett
leicht lesbar | Art☺ | Century Gothic

FAZIT

Wenn Menschen um ihr Urteil gebeten werden, sagen sie oft: »Es war gut, aber ...«, dann kommt ein Rattenschwanz von Kritik, oft sehr wortreich und ziemlich genau. Im Fehler benennen haben die meisten Übung. Das ist ja auch Schultradition: Fokus auf roten Mängel-Unterstreichungen. Qualität präzise zu benennen und sachbezogen ausdrücken zu können, was warum qualitätvoll ist, können viele Menschen nicht sonderlich gehaltvoll. Dabei lohnt das. Schließlich möchten die meisten ihre Sache gerne optimaler machen. Dafür brauchen sie Unterstützung und Bestärkung, um den Qualitätsrahmen erkennen zu können, der ja außerdem noch von Gruppe zu Gruppe, von Firma zu Firma unterschiedlich ist.

Loben ist übrigens nicht gemeint. Das macht Menschen leicht kleiner und abhängiger.

Das verstehe ich nicht.

Hören Sie das Gönnerhafte, wenn ich Ihnen eine Zensur verpasse wie: »Sie sind eine gute Testperson«. Eine Aussage wie: »Mir gefällt Ihre Spontanität, kritisch zu hinterfragen« beinhaltet einen entscheidenden Unterschied. Bei der ersten Aussage beurteile ich Sie als Person. Die zweite Äußerung gilt der Sache und nicht der Person. Am Beispiel:

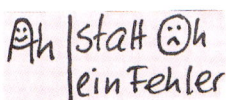

Spontanes | hilft Erläute-
kritisches | rungsbedarf
Nachhaken | fix erkennen

Hilfe beim Ändern: Ah statt Oh - ein Fehler

Ah |statt ☺h
|ein Fehler

Wer seine Fehler schätzen lernt, macht einen Quantensprung. Denn Fehler sind die wichtigste Quelle von Erfahrung. Das Dasein wird positiv verändert, wenn Pannen und Fehlleistungen als nützliche Hilfestellung zur Weiterentwicklung begriffen werden. Denn diese Sicht macht ruhiger und souveräner, sie hilft gegen Stress und Selbstentwertung, gegen Minderwertigkeits- und Neidgefühle, Eifersucht und aufreibende Schuld-Klärungs-Debatten – alles Faktoren, die zu mehr Fehlern einladen. Menschen machen immer Fehler. Deshalb nützt die Haltung: Was gewesen ist, ist nicht interessant. Ärger über »vergossene Milch« (im Englischen »spilled milk«) lohnt nicht. Entscheidend und deutlich effektiver ist der Ansatz: Wie geht es nächstes Mal besser. Die Schuldfrage klären, behindert ausschließlich den Lernprozess. Wer lernt darauf zu verzichten, kann ein neues Klima schaffen für:

- bessere Ergebnisse durch Spaß am Dazulernen,
- Freude am Prozess des sich selbst und des gemeinsamen Entwickelns,
- Neugier auf Neues,
- Offenheit auch für Unbekanntes,
- entstressende Nachsicht mit sich selbst und anderen.

Der Schlüssel zur Gelassenheit – die Yin-und-Yang-Sicht

Ein fernöstliches Zeichen aus einer uralten Philosophie bietet Hilfestellung gegen die Illusion, irgend etwas oder irgend jemand könne perfekt sein.

In seiner Einfachheit und Weisheit ist dieses Zeichen kaum zu überbieten: Viele kennen es nur als fernöstliches Deko-Symbol. Es entstammt einer der ältesten Philosophien der Weltgeschichte. Es soll verdeutlichen, dass alle Dinge und alle Menschen diese Grundstruktur besitzen: eine schwarze Hälfte mit einem weißen Punkt und eine weiße Hälfte mit einem schwarzen Punkt. Anders als in unserer Kultur, in der Dinge und Menschen meist gut oder böse sind, ist in dieser Philosophie alles immer gut und böse zugleich. Ja, noch viel komplexer: Im »Himmlischen« steckt bereits das »Teuflische«: symbolisiert durch den schwarzen Punkt im Weißen. Und im »Teuflischen« findet sich auch immer das »Himmlische«. Alle vier Facetten gehören nach dieser Auffassung untrennbar zusammen. Und die Welle in der Mitte drückt aus, dass das alles nicht statisch ist, sondern sich dauernd im Fluss befindet.

Dieser Gedanke ist im Feedback deshalb wesentlich, weil er das Ende von vorschneller, verkürzender und belastender Falsch-Richtig-Denke bedeutet.

Das Yin-Yang-Prinzip hat für den Optimierungsprozess praktische Konsequenzen: Es verhilft zu reiferem und gelassenerem Denken.

Das westliche Yin-Yang: Kaktus und Rose

Das Yin-Yang-Symbol wird bei uns inflationär gebraucht. Deshalb dient als Versuch, die Aussage in die westliche Zeichen-Sprache zu übersetzen, das Bild von Kaktus und Rose. Denn der Kaktus hat auch Blüten und die Rose Stacheln. »Kaktus und Rose« lässt sich als eine von 24 Feedback-Grund-Formen einfach für spontanes, differenziertes Publikums-Feedback einsetzen: Auf dem Topf klebt ein rotes Pit für das Wichtigste am Inhalt. Unten am Loch haftet das weiße Pit für das, was inhaltlich fehlte. Ein Kaktusstachel wird für Störendes an der Durchführung verteilt und ein Rosenblatt für das, was an der Mache erfreulich war.

Zentraler Punkt: Jede Leistung hat immer alle vier Farben.

Die Grund-Form: Das Schau-Fenster mit Denk-Rosette

So wie der Wind und die Erde vier Grundrichtungen haben, hat auch das Feedback vier Grund-Facetten.

Mit der Denk-Rosette unter der Eselsbrücke WOSE (= **W**ichtig, **O**ffen, **S**törend, **E**rfreulich) erhalten Sie ein Werkzeug an die Hand, das Ihnen auf einen Blick einen Einblick per Schau-Fenster erlaubt. Einblick deshalb, weil Sie tatsächlich einen, den jeweils wichtigsten Einfall zur WOSE-Struktur auswählen (schließlich muss nicht immer alles gesagt werden – oder: weniger ist oft mehr). Das Vistem-Schau-Fenster-Feedback ist eine einfache und gewinnbringende Methode, Erkenntnisse über Inhalt und Verlauf zu bekommen, mehr Gespür für das Ergebnis bei Einzelnen zu entwickeln und zusätzlich den Inhalt und das Geschehen bei allen besser zu verankern. Es taugt bei der Arbeit mit sich selbst, mit Teams oder bei Klein- und Großveranstaltungen, mit ungeübten und geübten Teilnehmer-inne-n.

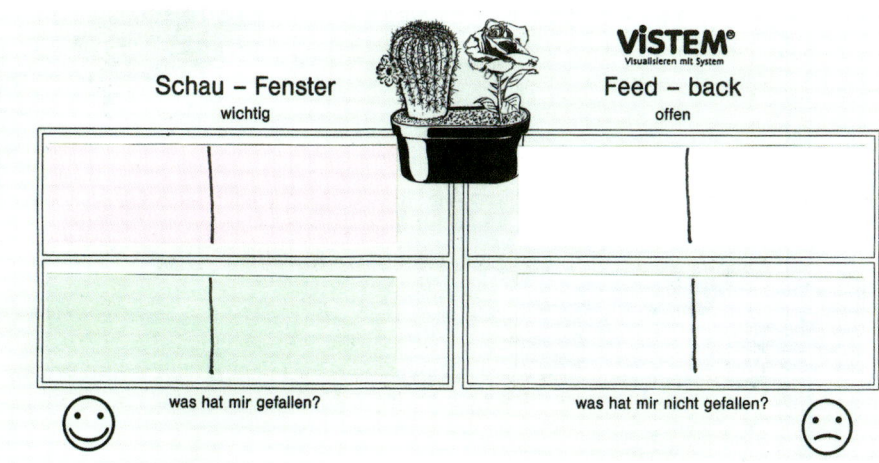

Dieses Handwerkszeug entspannt auf Dauer enorm, weil Sie ja den tiefen Gedanken nutzen, dass jede Leistung, alle Menschen, alle Dinge und Themen immer diese rundum gewichtende Struktur besitzen: Stets sind alle WOSE-Facetten da. Die Schau-Fenster-Sicht zeigt, dass es unreif ist zu glauben, eine Sache könnte nichts Offenes oder Störendes – oder umgekehrt – nichts Wichtiges oder Erfreuliches haben.

Eine erstaunliche Beobachtung:
Wer mit dem Schau-Fenster-Feedback arbeitet, kann bei den meisten zunächst einmal eine Aggressionshemmung beobachten: Grau wird anfangs häufig nicht ausgefüllt – auch von den Beteiligten, die gern stundenlang auf dem Flur meckern. Deshalb: immer wieder dazu ermuntern und viel Geduld mitbringen. (Denn es existiert nichts, was nicht optimierbar wäre.)

Schau-Fenster-Facetten

Ein Beispiel: Nennen Sie bitte ein Thema, von dem Sie denken, dass es nicht alle vier Facetten hätte.
Na gut: was soll beispielsweise hässlich an einer Blume oder schön an einem Feind sein?

Bitte testen Sie es selbst.

wichtig   offen

Ein Blumen-WOSE demonstriert das Prinzip.

Ökolo- | Bienen-
gie | weide

so vie- | über-
le | flüssig?

was gefällt mir?   was gefällt mir nicht?

Farben- | Stim-
pracht | mung ↗

Winter | Freude ↓
keine

Das ist zwar ein bisschen künstlich, aber es funktioniert tatsächlich.

TIPP

Die Rangfolge ist besonders bedeutsam: Wer – bei wichtig beginnend – im Uhrzeigersinn vorgeht, gestaltet sein Feedback effektiver und kränkungsärmer, weil es so öffnender und taktvoller für sich selbst und für andere gerät.
Noch bedeutsamer: wer im Uhrzeiger-Ritual durch das Schau-Fenster geht, nutzt den entscheidenden Kniff, die Konzentration – weg von den Beteiligten – auf die Arbeit und ihr Ergebnis zu lenken. Das wiederum führt zum allergrößten Gewinn: die Einzelnen verlieren dadurch auf Dauer das entscheidenste Hemmnis, nämlich die Angst vor sich selbst und vor anderen. Das wichtigste Motiv, Profi-Kommunikation zu trainieren, ist, den Gruppenstress zu vermindern. Denn der kontaminiert alles andere. Stress-Reduktion ist die Voraussetzung für den Beginn einer echten Prozess-Kultur.

Im Uhrzeigersinn: Reifungs-Rituale

Wer ein WOSE-Uhrzeiger-Ritual schafft und nutzt, hat dadurch folgende Vorzüge:

Gerechtigkeit pur: Vier-falt und Balance. Das Gleichgewicht hilft öffnen, trösten und ändern.

- Sie öffnen jemanden für das Zuhören, indem Sie zunächst unterstreichen, was für Sie intellektuell wichtig war.
- Sie erweitern als nächstes um das, was Ihnen offen blieb bzw. was Ihnen fehlte. Damit wird deutlich, dass nichts – aber auch gar nichts – existiert, was vollständig sein könnte.
- Jetzt kommt systematisch das Schmerzhaftere, dass was Sie als störend empfanden bzw. was Ihnen missfiel. Genau darin liegt auf Dauer das Reifermachende: Die Erkenntnis, dass Störendes nicht von Vorlieben oder der Tagesform abhängt, sondern dass alles optimierbar bleibt, weil Perfektes und Stillstand nicht existieren.
- Sie schließen versöhnlich mit dem, was für Sie emotional erfreulich war, bzw. was Ihnen besonders gefiel und unterstreichen so die Qualität der Leistung.

Wichtig ist: das Schaufenster-Ritual hilft auf Dauer, zu begreifen,

- dass Positives und Qualität präzise benennen zu können genauso wichtig ist, wie die kritische Hälfte genau zu beleuchten.
- dass Wachstum eher durch Beschreiben statt durch Bewerten in Gang gesetzt wird, und Menschen mehr wachsen, wenn sie nicht dauernd klein gemacht werden.
- dass es beim Feedback darum geht, sich auf einen lang angelegten (lebenslangen) Prozess einzulassen.
- dass Änderungen Zeit brauchen.

So ein Ritual, das zum Feedback dazugehört, hilft, Druck, Stress und Angst zu vermindern. Es verbessert nachweislich und nachhaltig das Klima, wenn Selbstvorwürfe, Bloßstellen und Schuldzuweisungen abnehmen und die Gruppe oder eine einzelne Person die Haltung »Ah« statt »Oh, ein Fehler« einnimmt. Dann ist die Grundlage für einen lustvollen Selbstoptimierungs-Prozess gelegt.

Spielregeln gegen Gruppendynamik

Eine verändernde Art des Feedbacks, des Denkens und Handelns benötigt Grundregeln, damit sie funktioniert. Die sind beim Feedback z. B.:

Der Knackpunkt: die Balance von Freiheit und Regeln, das ist die schwierige Kunst.

1. Das Feedback wird schriftlich gemacht.
2. Es wird – ohne Unterbrechen – in Runden geredet, also alle von links nach rechts oder von rechts nach links, mit einbezogen.
3. Die Scheiben des Schau-Fensters werden im WOSE-Uhrzeigersinn präsentiert.
4. Das Feedback stehen lassen – ohne Diskussion.

Der Sinn:

zu 1.: Vor der Feedback-Runde können alle in Ruhe denken, was ihnen weshalb wichtig, offen, störend oder erfreulich ist.
Der Effekt: Das Feedback erfolgt vorüberlegt mit dem Ziel, hart in der Sache, aber respektvoll im Umgang zu sein, ohne dass jemand Wichtiges vergisst oder etwas Kränkendes rausrutscht.

zu 2.: Es wird unwichtiger, wer vor oder nach wem, am Anfang oder am Schluss redet.

- Es entsteht eine andere Art der Leistungsanforderung: Hier geht es nicht mehr darum, wer besonders fix ist oder mit seinen Zensuren Recht hat, sondern darum, dass eine Beschreibung durch Einleuchtendes innerlich überzeugt.

- In Runden reden heißt, dass alle zu Wort kommen. Zusatz-Effekt ist: Die Dauer-Schweigenden reden und die Viel-Redenden fassen sich kurz.

zu 3.: Das Feedback ist durch seine vier Scheiben immer »komplex-dialektisch«. »Plus« (= linke Hälfte) und »Minus« (= rechte Hälfte) und »Hirn« und »Herz« sind einbezogen. Denn der obere Teil des Schau-Fensters (Seite 20) beleuchtet die Kopf-Einschätzung und der untere die des Herzens oder des Bauches.

Wozu WOSE – das Geländer-Ritual

Die gleichbleibende WOSE-Abfolge – also nicht, heute meckert Meier als Erstes, morgen fängt er mit »erfreulich« an, je nachdem, wie sein Tag war – macht das Feedback klarer, taktvoller und weniger gruppendynamisch. Wenn die Reihenfolge gleich bleibt, wird das Gesagte außerdem in der Sache vergleichbarer. Da jede-r vorab weiß, welche Facette kommt, fokussiert sich das Hinhören in Richtung Inhalt. Denn das Geländer-Ritual unterstützt, dass die Gruppe verführt wird, ihre Originalität und ihre Konzentration stärker in die Sache zu stecken statt in die Selbstpräsentation.

Während der Sitzung wird das Schau-Fenster sichtbar – möglichst vorne – präsentiert. Das Präsentieren, also sagen und zeigen, macht das Reden sicherer und stressfreier und – das ist wichtig – damit weniger aggressiv. Denn nur unsichere Menschen sind aggressiv. Die Souveränität wächst auch, weil niemand mehr wie ein Schulkind verschämt auf seinen Spickzettel

Das Fachwort heißt: Triangulieren (in ein Dreieck bringen) oder wie ein US-Berater es sagt: »Es ist zentral, dass Menschen begreifen: You're not your problem« (Sie sind nicht Ihr Problem, sondern Sie haben eins.). D. h., wenn über Ihr Problem/ Ihre Leistung geredet wird, wird noch lange nicht über Sie geredet. Probleme von sich abzutrennen, ist ein Teil des Geheimnisses.

schielen oder erst beim Reden im Kopf nach alten und neuen Einfällen kramen muss.

- Die eindeutig geordneten Notizen werden klar in den Raum gestellt.
- Sagen und Zeigen beschleunigt das Verstehen und reduziert außerdem bedeutsam störende Chemie im Raum: Die Aufmerksamkeit der Blicke wird mit jeder Präsentations-Handbewegung von der Person weg auf das Feedback-Visual (das ist eine mit Pits gestaltete Seite) gelenkt. D. h. – »böse Blicke« – abwertende, konkurrierende, angstvolle – beeinträchtigen die redende Person nicht mehr so stark, weil sie jederzeit auf ihr Schau-Fenster schauen kann. Sicherlich kennt jede-r die Erfahrung, dass, wenn jemand kritisch schaut, gähnt oder aus dem Fenster blickt, Sie plötzlich anders oder länger über eine Sache reden, als ursprünglich beabsichtigt. Sie können sogar physisch spüren, wenn Sie angeschaut werden – selbst wenn die Person hinter Ihnen sitzt.

Sage und Scheibe: Reden und Präsentieren

Die vier Scheiben des Schau-Fensters zu präsentieren geht außerdem fixer:

- Die vier getrennten Facetten ersparen Ihnen zeitraubendes, eierndes Brückenschlagen von Punkt zu Punkt, das sonst beim Reden stattfindet. Mithilfe des Schau-Fensters dürfen Sie Gedanken unverbunden präsentieren, indem Sie mit WOSE – ohne langwierige Verbindungen, ohne mühselige Gedankenkonstruktionen dazwischen – Punkt für Punkt vorgehen.
- Mit regelmäßiger Übung wird das Feedback auf Dauer knapper und tiefer, weil alle Beteiligten erfahrener in der Art ihrer Beschreibungen werden.
- Besonderer Gewinn: Niemand redet anderen mehr nach dem Mund. Weil die Aussagen vorher fixiert sind. Die Folge: Es werden weniger Fähnlein in den Wind gehängt.
- Es muss sich auch niemand mehr künstlich von anderen abheben, ganz nach dem Motto: »Was hat denn noch niemand gesagt«.
- Andererseits lernen die Beteiligten zugleich mit ihrer Meinung mutiger zu werden, weil sie jetzt manchmal sogar damit ganz allein dastehen. Das ist für die Sache und die Gruppe auf Dauer immer ein Gewinn, weil sich niemand mehr dem Gruppendruck beugen muss und so eigene Meinungen sanktionsfrei ausdrücken lernen kann.

Dazu verhilft vor allem auch **4. das Stehenlassen**:
Die Erfahrung, dass nichts kommentiert und zerredet wird, macht ebenso auf Dauer tapferer und reduziert die Gruppendynamik auf höchst erstaunliche Weise (dazu später mehr).

Aus jedem Fleck ein Blümchen oder Schrott zu Steigbügeln

Probieren Sie´s an der nächsten Bluse mit Fettfleck, bevor Sie´s geistig testen: Aus jedem Flecken können sie ein Blümchen machen.

Ärger und Bloßstellen bewirken keine echte Optimierung. Sie schaffen nur ein schlechtes Gewissen und Rachegelüste.
Wenn die Beteiligten noch zusätzlich das »Umnutzen« (Details zu dieser lebensverändernden Methode in »Erfolgreich Ideen finden«) erlernen, d. h. wenn sie verstehen, aus jedem Fleck ein Blümchen und aus Schrott Steigbügel zu machen oder das Negative auf seinen positiven Kern hin zu untersuchen, dann haben alle Beteiligten einen originellen, förderlichen Gewinn in puncto Haltungen und Handlungsweisen. Messbar werden Ergebnisse und das Klima in der Gruppe optimiert, wenn die Angst, Unreifes oder Falsches zu sagen, vermindert wird. Denn nun kann gemeinsam mit Vergnügen nach dem Interessanten und Neuen darin gesucht werden. Allerdings brauchen die Beteiligten die grundsätzliche Neugier darauf und etwas Training, um verlässlich zu sehen, wie spannend alle Fehler als Sprungbretter fürs Weiterkommen sind.

Der Gerechtigkeits-Sensor – oder die Reaktanz

In der Elektrotechnik bedeutet Reaktanz »Blindwiderstand«. In der Gruppendynamik beschreibt der Begriff ein bemerkenswertes Menschen-Phänomen: Die Fähigkeit, dass jemand – ohne Vorsatz durch den Gerechtigkeits-Sensor der Reaktanz plötzlich nicht mehr seiner/ihrer eigenen Meinung ist. Beispiel: der Republikaner wird im Interview so attakiert, dass er Ihnen – entgegen Ihrer Ursprungsmeinung – plötzlich leid tut. Oder: Jemand fragt eine Gruppe, wie sie ein Projekt, einen Gegenstand, eine Sache findet: Wenn sich vier anfangs lobend äußern, wird – nach der Reaktanz-Faustregel – die fünfte Person ins Gegenteil kippen, obwohl sie anfangs auch zugestimmt hätte. Es funktioniert auch umgekehrt: Wenn vier meckern, lobt die fünfte Person. Wer dieses Phänomen beobachten und schätzen lernt, profitiert nicht nur bei Feedback und Kritik, sondern auch beim Bestreben, die vordergründige Falsch-Richtig-Denke zu überwinden. Die Reaktanz hilft, den Reiz zu erkennen, der darin liegt, Gruppendynamik zu durchschauen und sich nicht länger über Falsches und Dummes aufzuregen. Die Reaktanz ist der Hebel für ein verändertes Denken und Handeln. Sie erleichtert ein Umdenken.

FAZIT

Nach dieser Philosophie gibt es das Dumme nur vordergründig. Denn wenn Sie das Dumme herumdrehen, ist das Kluge immer darin enthalten. Diese Sicht und die Fähigkeit, das zu trainieren, es zu verstehen und danach handeln zu können, verändert die Ergebnisse und den Umgang in der Tiefe. Sie verhilft auch zu dem Gedanken, dass es immer noch besser geht, und damit immer der Weg das Ziel ist. So wird Kommunikation, Lernen und Leben zu einem Prozess, der nie still steht und auf den Sie sich interessiert und neugierig freuen können, weil er immer – so wie die Windrose die vier Himmelsrichtungen anzeigt – die Denk-Rosette mit dem WOSE-Wegweiser hat.

Und wie lernt man so etwas?
Ganz einfach: Mit 30 Sekunden Denk-Rosetten-Training täglich. Wählen Sie einen x-beliebigen Begriff und sagen Sie die vier WOSE-Scheiben dazu. Das lässt sich beim Zähne putzen oder beim Stop an der Ampel üben.

Das klingt passabel. Aber womit verlocken Sie Gruppen oder Teams, so zu arbeiten?

Fix und knapp – die Folgen des Schau-Fensterns

Tägliches Training weitet den Blick, schärft die Be- obachtung, macht kreativer, genauer und klüger.

Ich bündele nochmal:

Viele Gruppen haben gerade beim Feedback Frust im alltäglichen Umgang miteinander. Sie merken außerdem in Besprechungen und auf Konferenzen, mit wie viel Zeitaufwand sie vergleichsweise wenig schaffen. Sie leiden dar- unter, dass immer dieselben reden und dieselben den Mund halten. Mit vor- ab präsentierten Spielregeln erreichen Sie im Gegensatz zur Alltagspraxis:

- Alle sagen etwas, nicht immer die Fixen zuerst und die Schweigenden gar nichts.
- Die Redemenge wird ausgewogener, da Rede-Geländer Halt geben und sich alle im Feedback an das gleiche Geländer halten, d. h. keine-r textet die Gruppe mehr zu.
- Die Pits sind so klein, dass alle Beteiligten trainieren können, vorab scharf zu denken und auf den Punkt genau zu formulieren (das hat auch für die sonstige Kommunikation einen fabelhaften Neben-Effekt: Wie fasse ich mich kurz).

Abgesehen davon, dass das Verfahren den Papierverbrauch und den Müll reduziert, erlaubt es, wichtige Gedanken Platz sparend, ohne Neuschreiben durch Umkleben zu archivieren.

- Die Gruppendynamik wird gesenkt, weil sich alle an die Rangfolge halten. Das befördert die Konzentration auf die Sache statt auf die Person.
- Es wird leichter, verstehend zuzuhören, wenn sich alle auf die gleiche Dramaturgie und Rangfolge einlassen, weil das Ritual die Zuhör- Erwartung bahnt und hilft, den Kern des Gesagten nicht nur schneller, sondern auch tiefer zu erfassen.
- Die schriftliche Form fördert, dass alle Beteiligten weniger kränkend formulieren - und das gilt in Teams mit Feedback-Kultur als Leistung und nicht als Schwäche.

Statt Mobben: Mehr Spaß aus dem Ergebnis

Wer sich das Schau-Fenster Feedback zu eigen macht, lässt den Spaß der Sache statt dem Sich-gegenseitig-Fertigmachen zugute kommen. Noch ein springender Punkt: Beim Feedback bleibt auch für die schwarze Seite der Menschenseele genauso viel übrig: Schließlich gehört zu den Spielregeln, ebenso Fehlendes und Störendes auszudrücken. Aber - und das ist entschei-

Ohne Originali-
tätsdruck: das ist
der Quanten-
sprung im Feed-
back. Das gemein-
same Ringen um
Erkennen und
Weisheit ist letzt-
lich spannender
als das Bemühen,
sich von anderen
zu unterscheiden.

dend – stets klüger-machend balanciert und akzeptanzförderlich gerecht in
der Menge: immer gleich viel und nicht heimlich verpackte Kritik auf roten
oder grünen Pits.

*Aber durch das Aufschreiben werden doch viele das Gleiche sagen. Ist das
dann nicht langweilig?*
*Im Gegenteil: Wenn zu Ihrem Bericht zehn Personen das Gleiche unterstrei-
chen, wird es für Sie in der Sache doch bedeutsamer. Außerdem lernen
Sie dadurch, dass sich jede-r eine Nuance anders ausdrückt, weniger holz-
schnittartig zuzuhören und stattdessen mehr auf den Zungenschlag und
die Zwischentöne zu achten.*
*Aber selbst wenn alle identische Aussagen machen (was in der Praxis nie
passiert): Was könnte Sie daran hindern – mit einer kleinen Denk-Schreib-
Pause – eine zweite Runde zu machen?*
*Der wichtigste Punkt: Es schadet dem Ergebnis in der Sache und/oder in
der Mache, wenn Einzelne mehr Augenmerk darauf legen, sich unter Ori-
ginalitätsdruck von anderen zu unterscheiden, statt zur Qualität Ihres Pro-
duktes beizutragen. Genau das ist die Evolution – also die schrittchenweise
Veränderung. In einer professionellen Feedback-Prozess-Kultur lernen die
Beteiligten, mehr Spaß aus dem Ergebnis als aus der persönlichen Anerkennung durch andere zu ziehen. Das trägt auf Dauer maßgeblich zu einem in
der Tiefe veränderten, echten klimatischen Wechsel mit effektiveren
Arbeits-Ergebnissen bei.*

Sagen wir mal, das leuchtet mir alles ein. Eines müssen Sie mir aber noch
erklären: warum kann ich das nicht einfach alles auf schlichte weiße Zettel
schreiben, und die dann an das Team verteilen? Das geht doch genauso
gut und ist für mich als Abteilungsleiter auch – na ja ich will mal sagen –
adäquater als mit diesen bunten Pits zu arbeiten?

Farbe bekennen und tiefer blicken: Feedback pitten

Sie machen natürlich, wie Sie es wollen. Aber Feedback mit Pits hat wesentliche Vorzüge:
Es geht viel flotter, weil die Pits so klein sind. Der Zeitgewinn sichert, dass
die Feedbacks tatsächlich so regelmäßig stattfinden, wie es wichtig ist, um
den Selbstoptimierungsprozess in Gang zu halten. »Zeitmangel« ist damit
kein Argument mehr.
Wenn auf einem grünen Pit z. B. Ihre Aussage »verschiedene Schriftarten«
steht, bleiben Personen leichter bei ihrer Meinung. Und zwar auch dann,
wenn alle anderen in der Gruppe »verschiedene Schriftarten« auf graue Pits
geschrieben hätten. Mündliche Einschätzungen und solche, die auf Normal-
papier geschrieben sind, könnten jemand veranlassen, einen Rückzieher zu
machen. Die Farbe macht die Gewichtung der Aussage unmissverständlich
und die Person tapferer, zu ihrer Sicht zu stehen. Entscheidend:

Die ungenutzte Dimension: Den verborgenen Hintersinn im Durcheinander der Argumente durch Ordnen - »Klastern« (= Sinntrauben bilden) - finden.

Der (Selbst-)Erkenntnis-Prozess steigt exponentiell, wenn die Schau-Fenster aller Beteiligten nachher durch Zusammenkleben – d. h. Klastern – ausgewertet werden. Erst in der dahinter liegenden, nicht augenfälligen, verborgenen Struktur aller Punkte, die durch das Klastern herausgeschält wird, erscheinen wesentliche, weiterhelfende Ideen zum besseren Verstehen von Sache und Mache.

Hier können Sie eine völlig neue Dimension dazugewinnen: die nicht augenfällige, verborgene Struktur, die sich unter allen – scheinbar noch so ungeordneten – Gedanken durch das Klastern hervorzaubern lässt. Die Ordnung zu entdecken bedeutet, in der Tiefe dazulernen zu könnnen und genauer zu verstehen. Hier liegt der Schlüssel, sich nicht mit eher vordergründigen und oberflächlichen Einfällen zufrieden zu geben, sondern zu echten, lohnenden Erkenntnissen und Ergebnissen zu kommen, die Sie ohne diese Methoden nicht erfassen können. Wer die Struktur, die in den Feedbacks aller steckt, durch Sinntraubenbildung herauskristallisiert, erhält genauere Hinweise, über die Interessen und Möglichkeiten, in der Sache, in der Mache, in der Gruppe weiterzukommen. Diese Dimension lässt sich nur im praktischen Tun erfahren. Als Konsequenz daraus können dann besonders wichtige Lern- und Memo-Punkte aus dem Feedback außerdem ohne Aufwand mit einem Griff ins Capito-Lexikon umgeklebt werden. Auf diese Weise werden Ergebnisse und Erkenntnisse nachschlagbar leichter erlernbar und lassen sich später auf Neulinge übertragen.

FAZIT

Auf diese Weise wird es zum Vergnügen, gemeinsam Qualität zu erzeugen und – auf Dauer – echte Veränderungen zu bewirken. Das kann für ein Team zu einem größeren Spaß werden als Hackordnungs- und Bären-Box-Kämpfchen bzw. -Kämpfe. Schließlich stimmt die Weisheit: Keine-r ist so klug wie alle. Eine Feedback-Gruppen-Kultur macht alle Mitglieder gelassener, kompetenter und professioneller im besten Sinne. Folge: Die Beteiligten arbeiten motivierter an besseren Ergebnissen. Statt Mobbing entsteht Gruppenzusammenhalt. Statt Nörgeln wird an der Aufgabe mit einer anderen, positiveren Herangehensweise gearbeitet.

Übrigens: Noch ein Tipp zu Ihrer Idee, Ihre Unterlage an die Einzelnen zu verteilen. Material verteilen schafft ein Klima von Vereinzelung. Jede-r ist danach allein mit der Sache auf dem Papier beschäftigt. Jede-r geht dabei anders vor. Das Zuhören wird beeinträchtigt, und die Hilfen durch ermunternde oder kritische Blicke der Gruppenmitglieder entfallen. Das Präsentieren dagegen erhöht die Fähigkeit der Einzelnen, synchron mit der Aussage mitzugehen und tatsächlich gemeinschaftlich – mit der Sache im Mittelpunkt – tiefer zu denken.

Was ist in der Flasche drin – die andere Sicht

Irgendwie bauen Sie offenbar darauf, dass Menschen Lust haben, allem etwas Positives abzugewinnen. Aber das geht doch gar nicht. Was ist z. B. schön am Tod eines geliebten Menschen, es sei denn, jemand ist oder war schwer krank.

Das ist doch schon der erste positive Einfall. Bitte vertiefen Sie diesen Gedanken.

Mir fällt zu Tod nur »Verlust« ein.

Probieren Sie es doch nur mal testhalber: Das Schöne am Tod oder das Hässliche am Lottogewinn, was kann das sein?

Na ja, Tod bedeutet auch: Ruhe haben oder auch befreit sein von den Schattenseiten des gestorbenen Menschen. Die hat nach Ihrem Modell ja jeder. Und Lottogewinn? Das kann einen aus der Lebensbahn werfen. Oder man löst damit Neid bei Mitmenschen aus. Hm. Erstmal fremd, aber nicht mal so übel. Zeigen Sie mir denn auch, wie das praktisch eingesetzt wird?

Gerne. Wie wäre es, wenn Sie das WOSE-Schau-Fenster für Frau Müller fortsetzen. Das rote Pit – die erstes Fenster-Scheibe – haben Sie ja bereits beschrieben (siehe Seite 14). Was gab es bei dem Bericht denn noch Wichtiges?

Ja, das Tempo, in dem sie den Bericht fertig gestellt hat. Das ist ihr termingerecht gelungen, obwohl ich ihr die Vorlagen ziemlich spät geliefert habe. Nun fällt mir gerade ein, wenn ich ihr jetzt Fehlendes oder Störendes aufschreibe, kränke ich sie dann nicht damit? Das zerstört das Lob doch wieder.

Die Kunst, nicht zu loben

Wie gut, dass Sie das erwähnen. Zum Thema Lob noch ein paar grundsätzliche Überlegungen:

Beim Feedback geht es um differenzierte Rückkopplung, die klüger über die Sache und souveräner in der Mache machen soll. Lob macht Menschen kleiner. Da tätschelt Ihnen jemand die Schulter und maßt sich an, zu sagen: »Du bist gut«. Feedback würdigt, dass Menschen – egal, wo sie hierarchisch stehen – grundsätzlich andere Sichtweisen mitbringen, die in jedem Fall für die Sache und die Mache etwas Befruchtendes haben, wenn sie umnutzend betrachtet werden. Und zwar auch dann, wenn sie Ihnen oberflächlich zunächst scheinbar »dumm« vorkommen oder schlecht ausgedrückt sind. Sie trainieren ja, stets nur das zu betrachten, was in der Flasche drin ist und nicht das, was fehlt.

Lob hingegen schafft persönliche Abhängigkeit. Es macht oder hält klein, weil es die Symmetrie, die Partnerschaftlichkeit verschiebt: Die Lobenden sind immer oben, die Gelobten unten. Und wenn Lob ausbleibt, beginnen viele darauf zu warten, weil die Anerkennung entfällt. Im geordneten Feedback mit Raum, Zeit und Spielregeln ist das Beschreiben frei davon.

Es schafft die innere Freiheit, das Angebotene kommentarlos anzunehmen oder auch nicht. Eine weitere Entwicklungschance durch das Feedback ist, sich stattdessen selbst Anerkennung aus der Sache zu verschaffen. Wer das trainiert, verfügt über eine zuverlässige Quelle der Verstärkung und Freude, die sich jede-r für sich selbst organisieren kann. Das macht frei davon, nach geredeten Orden zu schielen und zu gieren.

Anton Auster trainiert weiter am Feedback für seine Mitarbeiterin.

Na gut. Das verstehe ich. Dann mache ich mal weiter beim Schau-Fenster-Feedback für die Müllerin. Also – »Weiß« für »offen« war:

> Wiedervorlage der Register
> – Abschrift │ frühzeitiger korrigieren

Und zur dritten Fenster-Scheibe: grau – was hat mit nicht gefallen? Mich hat doch gar nichts gestört. Warum soll ich mir etwas aus den Rippen schneiden?
Zunächst nur mal zu Test-Zwecken in Sachen WOSE-Reife.

Anton Auster macht eine Denkpause

Na gut: Einmal hat sie so gereizt reagiert, als ich eine Seite zum dritten Mal korrigiert habe. Aber wie drücke ich so etwas aus? Kann man das überhaupt sagen?
Probieren Sie es.

> blöde Reaktion │ bei 3. Korrektur

Nein, so kann ich das doch nicht schreiben. Ich will ihr sagen, dass mich ihr gereizter Umgang bei der dritten Korrektur unter Druck gesetzt hat und in mir als Chef sogar einen Zwiespalt ausgelöst hat. Ich fing an, darüber nachzudenken, ob ich mehr Rücksicht auf die Sekretärin nehmen sollte als auf die Qualität des Berichtes. Und wie das jetzt alles auf ein einziges Pit gehen soll, das weiß ich wirklich nicht.
Ein Vorschlag:

> gereizter Umgang 3. Korrektur⇒ │ Zwie-spalt │ Rücksicht : Qualität

Erstaunlich, das leuchtet mir sogar ein. Gut, dann mache ich noch einen Vorschlag für das vierte, grüne Fenster. Gefallen hat mir: Ihr Mitdenken beim Verhältnis von Form zu Inhalt hat die Qualität des Ergebnisses verbessert und mir auch Spaß an der Kooperation gemacht. Jetzt muss ich nur noch überlegen, wie ich das auf das vergleichsweise winzige Pit bringe.

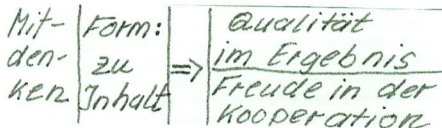

Gar nicht so übel. So mache ich das natürlich nie.
Ich habe allerdings noch eine Frage. Wie geht es denn weiter, wenn das Schau-Fenster mit Denk-Rosette fertig ist? Lese ich ihr das vor, lerne ich es auswendig oder gebe ich es ihr?

In den Raum stellen: Feedback präsentieren

Professionell in der Gruppe wie auch im Zweiergespräch wird das Feedback auf einem »Posto«, einem Transparent-Ständer (mit »Zauber-Band« zum Hin- und Wegkleben) für Einzelblatt-Präsentation oder auf einem (Table-Flip)-»Präsenter« präsentiert.

Auch im Zweier-
gespräch wirkt,
was für die
Gruppe gilt.

*Auf diese Weise stellen Sie Ihre Argumente in den Raum und können damit
gleichzeitig sagen und zeigen. Dadurch tun Augen und Ohren der Beteiligten das Gleiche. Das erhöht für alle die Ruhe, die Sachzentrierung und die
Merkbarkeit.*

Hier noch einmal in Kurzform der wichtigste Gewinn:

- Wer gut vor- und durchgedacht hat, ist automatisch gelassener, sicherer
  und überzeugender.
- Es wird viel schwerer, jemand durch Blicke oder Gesten rauszubringen
  oder zu verschüchtern.
- Es geht viel flotter und niemand labert herum.
- Spiralförmige Wiederholungen in der Einzelrede unterbleiben.
- Die schriftliche Form macht behaltbarer und reduziert
  Missverständnisse.

Im Zweiergespräch mit Frau Müller oder auch in Gruppen ersparen graue
Pits, dass Sie zusätzlich die Stimme heben oder einen pampigen Ton
anschlagen müssen. Grau drückt Ihre Säuernis hinreichend und klar genug
aus.

Wichtig sein statt wichtig machen – Präsentieren

Wer in Gruppen vorne präsentiert, braucht sich nicht wichtig zu machen.
Die Sache, um die es geht, ist dann wichtig und steht – sichtbar für alle –
im Mittelpunkt des Geschehens. Sitzt die Person in einem so genannten
Feedback-Setting auf einem extra Präsentations-Platz, braucht sich niemand mehr aufzuplustern, denn:

- vorne = wichtig.
- sitzend = partnerschaftlicher, ohne lehrerhaftes Aufspielen. Kein Druck,
  keine Anglotz-Unsicherheiten, die häufig durchs Stehen hervorgerufen
  werden und die dann irgendwie kompensiert werden müssen.

Selbst wenn die Gruppe nicht mitlesen kann, macht die Farbe die Aussage
von Weitem eindeutig und unmissverständlich. Die Gruppendynamik sinkt,
weil Aufplustern, Konkurrenzeln, Ducken, Unterwerfen, sich Erhöhen,
Buhlen, was menschengemäß in jeder Gruppe automatisch abläuft und der
Sache und den Teilnehmer-inne-n schadet, schmilzen. Ohne all diese Hilfsmittel und Methoden drängt die Gruppendynamik die Aufgabe und das
Ergebnis viel zu oft in den Hintergrund. Bei professioneller Arbeit jedoch
hilft eher, wenn die Beziehungsebene nicht im Vordergrund steht. Deshalb
ist es das Ziel, in Arbeitsgesprächen störende Beziehungsdynamik zu reduzieren. Da ist sie immer. Aber durch Instrumente wie das Schau-Fenster-
Feedback und durch verlässliche Spielregeln lässt sie sich spürbar vermindern. Das wiederum stärkt und motiviert die Feedback-Geber-innen und
optimiert die Sache und die Gruppenkultur.

Die Wegweiser zeigen: Spielregeln präsentieren

Gute Vorsätze reichen nicht. Damit es nicht dabei bleibt, werden die Spiel-regeln vor Beginn jeder Sitzung in einer Minute präsentiert und damit vor Augen geführt. Diese Minute lohnt. Denn sie dient dazu, das Arbeitsbündnis immer wieder bewusst zu machen, einzuüben und in der Tiefe beherzigen zu lernen. Schließlich geht es um eine künstliche, hochgradig professionelle Leistung, die hier von Teams gefordert wird. Um den Prozess zu verkürzen, helfen sich manche Gruppen sehr erfolgreich damit, dass sie – wie im Bun-destag – bei Spielregel-Verstößen kurz mit einer Glocke läuten. Tatsächlich ist ohne solche Hilfsmittel sonst kaum zu begreifen und praktisch zu erfah-ren, welch tiefe Bedeutung und Wirkung es hat, die miteinander verabrede-ten Spielregeln auch wirklich anzuwenden.

Wirkt Wunder: mal ohne »man« und »wir«

Feedback- und Kritik-Gespräche (übrigens auch Konferenzen) verändern sich in der Tiefe, wenn sich niemand mehr verschwistert (Ich meine genau wie Herr/Frau X...) oder abgrenzt (Ich finde ganz anders als Herr/Frau Y) und – besonders wirkungsvoll – »man« und »wir« bewusst vermieden werden (nicht nur, weil die geistige Flucht in die Menge Ängstlichkeit verrät und unnötige Widerstände aufbaut). Wer sich verschwistert oder abgrenzt rückt damit ständig statt des Themas die Beziehungsebene in den Vordergrund. Die Bundestags-Glocke hilft, flottes Umschleifen und Präzisieren von Gedanken – exemplarisch an den beiden Übergriffswörtern »man« und »wir« – permanent trainieren zu können. Das Läuten garantiert, dass die Spielre-geln zum erkenntnisreichen, sach-zentrierenden Ritual werden können und nicht zum Lippenbekenntnis verkommen. Da sich echte Veränderungen nur mit Geduld erzielen lassen, dient eine Test-Vereinbarung über drei bis sechs Monaten dem Kennenlernen und Entscheiden können.

Aber das kostet doch alles Zeit.

Es ist eine Sache der Prioritäten. Wer bedenkt, wie viel Zeit für die normalen destruktiven Rituale im Alltag draufgehen oder wie viel Lebenszeit durch aufgabenfremde Gruppenkämpfe gestohlen wird, ist für neue Wege offener.

TIPP

Damit wir uns richtig verstehen: Auch Gruppendynamik braucht Raum. Allerdings an anderen Orten als in einer Arbeitssitzung. Sie gehört ganz gezielt in spezielle Team-Gespräche, in Team-Entwicklungs-Sitzungen oder in Coachings für Gruppen und Einzelne. Dort lohnt es, sich offen und gezielt an und mit der speziellen Gruppendynamik dieses Teams zu arbeiten.

Dies ist ein Beispiel für hilfreiche Team-Spielregeln. Bitte drei Monate testen und danach eigene entwerfen, wenn Sie eine Ahnung bekommen haben, was dahinter steckt.

Was geschieht denn, wenn ich – offenbar unter Beachtung solcher Spiel-regeln – Frau Müller das Schau-Fenster präsentiert habe?

Vom Zaubersatz und der Kunst des Stehenlassens

Der zentrale Punkt: Feedback bleibt immer unkommentiert stehen.

Der Sinn des Stehenlassens ist, die Beteiligten auf Dauer offener, mutiger und qualitätsinteressierter zu machen. Die Lust am Erkennen steigt dann mehr als die Lust am nur Recht haben und gewinnen wollen. Das jedoch ist ein Kultur-Ergebnis und zunächst gegen die menschliche Natur. Gerade deshalb bedarf es der Spielregeln. Die Team-Größe spielt dabei keine Rolle. Bei Basisspielregel Nr. 4 geht es darum, transparent zu machen, warum die Team-Mitglieder anders als gewohnt reagieren. Wenn Sie ohne Vorankündigung das Feedback stehen lassen und den Zaubersatz »Ich werde darüber nachdenken« benutzen, wird das andere verwirren. Als Spielregel hingegen wirkt der Satz Wunder.

In jedem Team oder in jeder Gruppe sind Menschen, die weniger oder mehr Schwierigkeiten mit dem Stehenlassen haben.

Eine andere Testperson nutzte kürzlich den Vergleich aus dem aggressiven Bild »jemand etwas aufs Butterbrot schmieren« um. Sie wollte sich damit den tieferen Sinn des Stehenlassens besser schmackhaft machen. Sie meinte: Jemand, der ein Feedback möchte, hält, bildlich gesprochen, eine Scheibe Brot hin. Jetzt möchte sie, dass die anderen die Scheibe belegen. Die anderen entscheiden selbst, ob sie Wurst, Käse, Salat oder Kaviar drauftun. Es ist einleuchtend, dass alle viel bereitwilliger geben, wenn nicht bereits das erste „Salatblatt" vor aller Augen zerpflückt wird. Dann hat am Ende niemand mehr Lust, noch etwas beizutragen. Damit hilft das Stehenlassen den Beteiligten, (geistig) spendierfreudiger zu werden.

Übrigens: echte Veränderungen – und das Stehenlassen ist eine verlässliche Methode dazu – geht nie wort- oder kampflos.

Der Standard-Ablauf bei Veränderungen erfolgt systematisch und regelhaft: erst wird's verlacht, dann bekämpft und schließlich übernommen.

FAZIT

Es braucht etwas Zeit, den Hintergrund dessen, was im Feedback blitzartig, unbewusst, vorbewusst oder absichtsvoll passiert, auch nur ansatzweise darzustellen.

Im Gegensatz dazu dauert das Schau-Fenster-Feedback selbst nur zwei Minuten zum Ausfüllen für alle, und eine Minute pro Person fürs Präsentieren. Das bedeutet, dass auch in großen Teams alle zu Wort kommen können. Faustregel allerdings: Feedback möglichst auf eine Stunde begrenzen.

Außerdem existieren auch kürzere Feedback-Formen: zur Einführung, für kurze Sitzungen, für Gruppen, die sich nicht so gut kennen oder für die, die sich nicht viel Zeit nehmen wollen.

Kurze Feedback-Formen

Knapp, knackig und klüger machend: »Der Baum der Erkenntnis«. Für Neulinge, Klein- oder Großgruppen: Ein Maxi-Pit zum Stamm schneiden und mit beschrifteten Blättern belauben.

Jetzt können Sie einige Beispiele für kurze Feedback-Formen testen. Kurz-Feedbacks finden am Ende von Präsentationen, Sitzungen, Lehrstunden, Klein- und Großveranstaltungen statt. Je nach Ziel und Zeit können alle oder nur zwei, vier oder zehn Personen – in festen Gruppen z. B. rotierend – in jeder Sitzung Feedback geben. Wer beispielsweise am Ende einer Veranstaltung zwei Männer und zwei Frauen um Kaktus und Rose bittet (der Geschlechtermix, weil Mann und Frau ja nicht nur verschieden aussehen, sondern auch unterschiedlich denken) und an den Rest des Publikums (vorab an den Sitz geklebt) je ein Blatt vom Baum der Erkenntnis oder ein Schau-Fenster verteilt, erfährt eine Menge einige über seine Leistung und sein Publikum.

Miteinander klüger werden: ein Blatt vom Baum der Erkenntnis

Der Stamm des Baumes der Erkenntnis ist in 15 Sekunden aus einem Maxi-Pit geschnitten. Er wird belaubt mit vorgefertigten roten Pit-Blättern, die später ebenfalls geklastert werden. Das Blatt enthält immer einen positiven Gewinn, entweder aus der Sache oder der Mache. Die Aussage soll immer echt anerkennend und nicht heimlich aggressiv sein. Testen Sie mal beides.

Also nicht: sondern:

Diese Form des Feedbacks betrachtet nur das, was in der Flasche drin ist, mit dem Ziel, durch voneinander Lernen die Qualität zu steigern, den Umgang kulturvoller zu gestalten und das Klima zu verbessern.

Und so etwas klappt in der Praxis?
Das hängt davon ab, wie interessiert und überzeugt Sie selbst daran gehen. Ängstliche Gruppen, solche, die Spaß am Wichtigmachen, am Unterdrücken und Mobben haben, werden sich kaum darauf einlassen.

TIPP

Zum Einführen eines neuen Werkzeugs oder einer Methode möglichst immer eine Testphase von drei Monaten vorschlagen. Denn Neuerungen funktionieren auf Dauer ja nur, wenn das Team mitzieht und die Beteiligten den Gewinn verspüren.

Also dieser Baum der Erkenntnis wäre vielleicht eine Idee für den neuen Workshop, den wir seit kurzem in der Firma eingeführt haben, um die Kundschafts-Arbeit zu verbessern. Darüber werde ich nachdenken. Denn mir leuchtet ein, dass sich – wenn ich das mal so sagen darf – kleine geistige Appetithäppchen dann nicht so leicht in Luft auflösen und über die Anregungen auf den Blättern ernsthafter nachgedacht werden kann.

Statt Ärger-Stau – das Auxilius zur Mache

Feedbacks sind geistige Geschenke. Sie werden in drei Grundmodellen geliefert: Als (ein-)leuchtender Brillant, als Rohdiamant, dessen Wert der Fachmensch erkennt oder als Schrott-Modell erklärt: da muss erst poliert werden, bis das Blanke kommt.

Eine weitere Kurzform ist das Auxilius. Das ist aus dem Lateinischen abgeleitet und bedeutet »Ratschluss für sich selbst«. Das Schau-Fenster ist ja ein Feedback, das noch nicht in Sache (also Inhalt) und Mache (also Durchführung) unterscheidet. Im Gegensatz dazu dient das Auxilius ausschließlich der Umgangs-Kultur. Es wird am Ende von Besprechungen, Konferenzen, (Lehr-)Veranstaltungen und Präsentationen eingesetzt. Die Rückkopplung hilft, zu begreifen, welche Rahmenbedingungen und welches Verhalten als gewinnbringend und hilfreich und welches als behindernd oder gar schädlich empfunden wird. So sieht es aus:

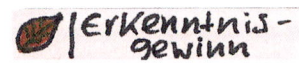

Die drei Pits – immer alle – werden mit verständlichen Stichworten zum Was und Weshalb in einer Minute von allen gefüllt und in einer Minute pro Person präsentiert. Entweder tragen alle vor oder – je nach Gruppengröße – nur zwei oder vier und der Rest wird eingesammelt, geklastert und ausgewertet. Die Memo- und die Lern-Info-Punkte werden beim nächsten Mal zurückgespeist und/oder ins Capito-Lexikon für Konferenz-Kultur aufgenommen. Auf die Dauer trägt das Ritual dazu bei, das Besprechungsklima entscheidend zu ändern und die Gruppen-Kultur spürbar zu verbessern. Das Auxilius verhindert Ärger-Staus, schafft mehr Bewusstsein dafür, wie sehr der Umgang die Sache beeinträchtigen oder fördern kann und bewirkt eine veränderte Achtsamkeit mit sich selbst und mit anderen.

Klüger durch Sache und Mache – das Reflektum

Wer Sache und Mache auseinander dividieren lernt und dadurch in beidem gleich fit wird, hat den Schlüssel gewonnen, wie »Rüberkommen« verlässlicher gelingt.

Diese Form verschmelzt zwei schon vorgestellte Feedback-Werkzeuge und unterscheidet so systematisch zwischen: Feedback zur Sache – mithilfe des Schau-Fensters – und Feedback zur Mache – mit der Feedback-Kurzform Auxilius. Diese Trennung zwischen Sache und Mache zu vollziehen, ist anfänglich nicht einfach. Den Unterschied zu erkennen, ist jedoch besonders gewinnbringend. Nur wer Sache und Mache genau auseinanderzuhalten lernt, wird hinter die erstaunlichen Geheimnisse professioneller Kommunikation kommen.

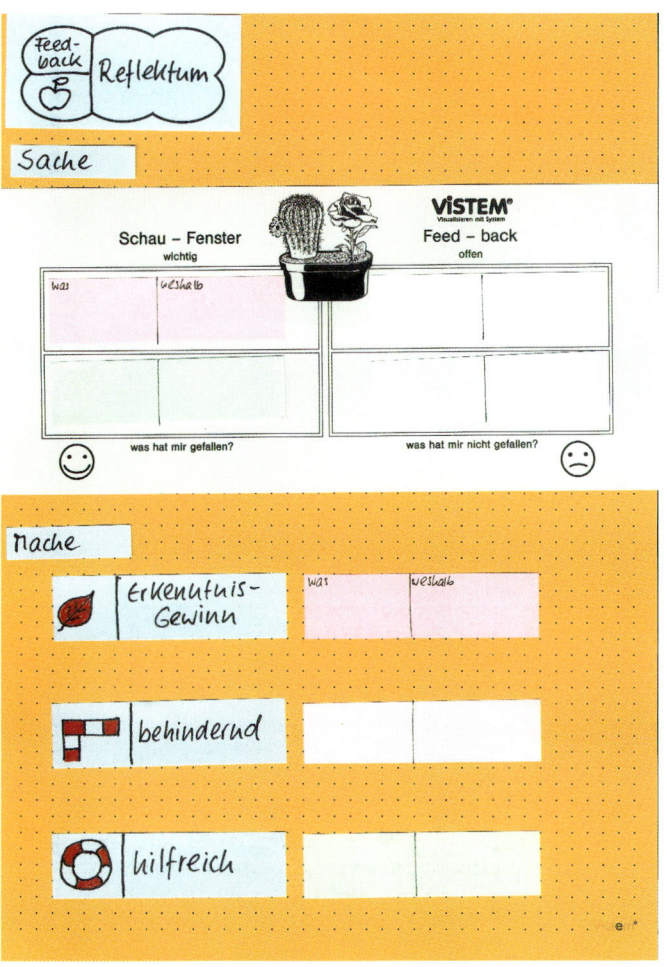

Beispiel »Reflektum«

Das wüßte ich aber gerne etwas genauer: Was ist denn der Unterschied?

Ein Alltags-Beispiel vom Kochen:
Das Rezept, die Zutaten und die Werkzeuge sind die Sache. Das Anrühren, Ausbacken und Dekorieren sind Teile der Mache.
Diese Drei-Teile-Struktur gilt für jeden geistigen und herstellerischen Prozess, also auch für die professionelle Kommunikation.

Das ist etwas, was ich ausprobieren muss, um es besser zu verstehen.

Schön, wie wäre es mit einem Muster zu Ihrem Test-Besuch hier:

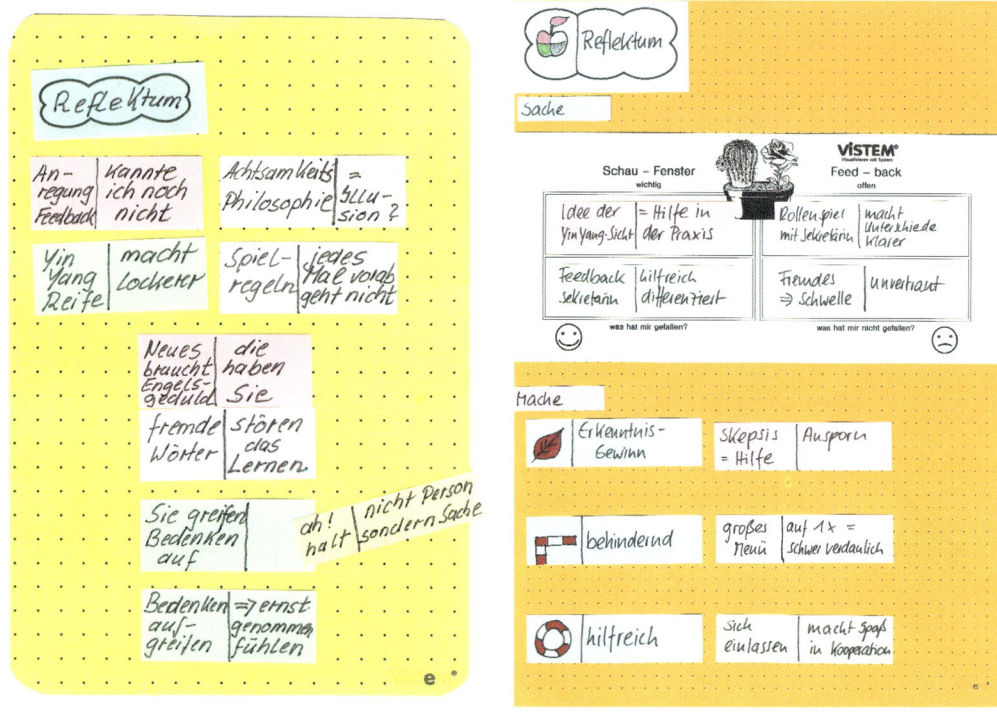

Und dazu soll ich jetzt keinen Kommentar abgeben?
Genau. Das bleibt einfach so stehen.

Aller Anfang ist schwer und stehen lassen erst mal am allerschwersten, bis die wunderbare Entlastung spürbar wird.

Noch ein Wort zur Qualität des Reflektums. Anfangs werfen die Nutzerinnen häufig Sache und Mache durcheinander. Auch das wird nicht kommentiert. In einer Art »Eigen-Reaktanz« (siehe Seite 22) kommen die meisten selbst dahinter oder lernen am Modell der anderen. Es ist ohnehin so, dass zu Beginn ziemlich viel eher oberflächliches und pauschal Erscheinendes im Feedback erwähnt wird. Das hat mehrere Gründe. Einer ist, dass es häufiger trainiert sein will, knapp und prägnant auf den Punkt zu kommen und Erkenntnisse überhaupt produzieren zu können. Ein anderer ist die Vertrauensbildung: Darf ich hier wirklich sanktionsfrei äußern, was ich denke und fühle. Ein weiterer ist: Es dauert, bis erkannt wird, dass winzige Beispiele oft viel beredter sind, als Global-Einschätzungen.

Und last not least: Feedback braucht – um zu echter Qualität zu reifen – buchstäblich jahrelange Übung. Auch der Erkenntnis-Gewinn daraus bedarf eines echten, tiefen Interesses und einer Menge an Übung. Zwischen den Zeilen, Dahinterhören können, ist genauso komplex zu erlernen wie das Umnutzen von scheinbarem Schrott, der die Garantie birgt, mich selbst

und/oder die Gruppe auf garantiert neue Ideen zu bringen.
Quintessenz: Sie brauchen Geduld, langen Atem und echtes Interesse, um
dahinter zu steigen. Aber die Ernte entschädigt für den anfangs eher mühe-
vollen Prozess.

*Zu meinem Bericht für meinen Chef habe ich noch eine Frage. Er hatte
40 Seiten. Dazu nur ein Feedback-Schau-Fenster oder ein Reflektum?
Wäre das nicht etwas dünn?*

1. Ein Schau-Fenster ist immer mehr als »prima«.
2. Umfangreichere Leistungen können Sie mit differenzierteren Feedback-
Formen würdigen. Das richtet sich nach Ihrem eigenen Bedarf, aber auch
nach Ihrem Lernfortschritt. Die Empfehlung für feste Teams, die nicht nur
kennen, sondern auch können möchten, lautet:

- zum Einsteigen ein Vierteljahr »Baum der Erkenntnis«,
- drei Monate ausschließlich »Auxilius«,
- drei Monate Erfahrung mit dem »Schau-Fenster«,
- ein halbes Jahr »Reflektum« und danach erst mehr (z. B. Hoch-Haus für
  Sache oder Mache – oder Wolkenkratzer-Feedback für Sache und
  Mache (das sind viele kleine Schau-Fenster-Facetten mit zehn oder
  zwanzig Plan-Pits horizontal untereinander).
  Dieser Zeitansatz gilt für Gruppen, die sich für echte Veränderungen
  interessieren.
  Feedbacks taugen jedoch auch als regelmäßige Denkübung für die
  Optimierung mit sich selbst.

Denk-Geländer bieten – die Vistem-Bilanz

Wer »Hohl-Fragen« stellt, erhält Antworten zu den Facetten, die ihn oder sie interessieren. Das funktioniert wie Vasen, die zwar gewisse Vorgaben durch ihre Form machen, aber die Freiheit der Wahl wahren.

Eine der ausführlicheren Feedback-Formen, die Sie ebenfalls – wie alle anderen Formen – spontan auch ohne Übung oder mit ungeübtem Publikum einsetzen können, ist die »Vistem-Bilanz«. Bei der Bilanz werden als Denk-Geländer präzise Hohl-Fragen (»Vasen«, zu denen Sie die passenden Blumen selbst wählen) zu den Facetten des Feedbacks gestellt, z. B. zum Ende eines Workshops oder Seminars:

Die Teilnehmer-innen pitten ihre Antworten mit WOSEI-Farb-Gewichtung. Zur Erinnerung:

rote Pits = **W**ichtiges

weiße Pits = **O**ffen und Fragen

graue Pits = **S**törend oder hat mir nicht gefallen

grüne Pits = **E**rfreulich oder hat mir gefallen

gelbe Pits = **I**nfo

TIPP

In einer Gruppe mit dieser Feedback-Umgangs-Kultur könnte z. B. ein Mitarbeiter wie Sie mit einem Bilanz-Fragen-Geländer-Vorschlag zu seinem Chef gehen. Der würde sich darüber freuen, es auf jeden Fall beantworten und vielleicht sogar erweitern.

Hilfe zur Selbsthilfe – das Eigen-Feedback

Herrlich unab-
hängig klüger
werden: Feedback
geht auch monak-
tionell, also
professionell mit
sich selbst.

Wer das Gefühl hat, in einem Team mit unfruchtbarem Klima zu arbeiten oder von Desinteressierten, Sturen, Neidischen umgeben zu sein, muss nicht auf Feedback verzichten. So jemand kann sich auch ein »Eigen-Feedback« geben. Für diese Feedback-Form mixen Sie sich das Feedback-Geländer selbst, so wie Sie es brauchen. Oder Sie hangeln sich einfach an diesem Muster-Geländer entlang, wenn Sie sich Ihre Arbeit selbst optimieren und etwas ansprechender gestalten möchten.

Auch hier Capito-Pits zum Nachschlagen im eigenen Capito-Lexikon konservieren, bis der Gedanke oder die Eigen-Instruktion in Fleisch und Blut übergegangen sind.

Und was ist das Capito-Lexikon genau?

Systematisch klüger werden – das Capito-Lexikon

Das Rad nicht immer wieder neu erfinden

Es gibt zwei Wege mit Ergebnissen, Erkenntnissen oder Aha-Erlebnissen umzugehen. Normal ist, sich daran zu freuen. Manches wird genutzt. Anderes bleibt nur kurz hängen, wieder anderes versinkt ungenutzt. Die Pits sollen vereinfachen, besonders wichtige Punkte für das Capito-Lexikon auszuwerten und jederzeit zugänglich zu machen. Das selbst gestaltete Ringbuch (Vorteil: Seiten jederzeit zu ergänzen) mit A-Z-Register ist ein persönliches Nachschlagewerk für Lern- und Memo-Punkte, für Erkenntnis-Gewinn, für Weisheitsvergnügen, für Top-Sprüche, gelungene Witze oder sonst etwas, was Sie sich immer schon mal dauerhaft merken wollten. Das Capito-Lexikon funktioniert wie ein Nachschlagewerk für Kluges aus Ihrer Eigen-Kultur. Einmal gehört, heißt ja noch lange nicht behalten.

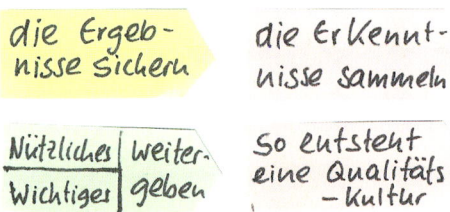

Gruppen, die so arbeiten, besitzen für ihre Arbeit ein Capito-Lexikon (oder mehrere themenbezogene), das allen zugänglich ist. Auf diese Weise können wichtige Erkenntnisse gesammelt werden, die der Sache, der Mache oder den Beteiligten nützen. Wichtiges zum Befruchten und zum Behalten wird so konserviert und weitergegeben. Größter Vorzug: Das Rad muss nicht immer neu erfunden werden. Wenn Menschen weggehen, bricht nicht die gesamte Kultur zusammen. Capito-Lexika machen den Wachstumsprozess nachvollziehbar und beschleunigen das Verstehen aller Beteiligten. Auch solcher, die etwas langsamer sind oder die neu dazukommen.

Machen Sie doch mal ein Beispiel.
Wie wäre es, wenn Sie selbst eins machen würden? Was möchten Sie von diesem Themenkomplex behalten?

Vielleicht den Punkt, dass das »Was« und das »Weshalb« im Feedback extra zu erwähnen und auszufüllen sind. Hm. Wo käme das denn hin? Ich meine jetzt A-Z-mäßig?
Wie lautet das Gesamtthema dazu? Worum geht es bei diesem Punkt genau?

Um »Feedback-Pits«.

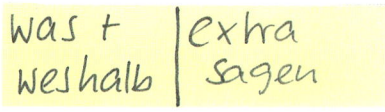

Erkenntnisse und Ergebnisse mit System sammeln, ist hier die Devise. Die Pit-Form hilft, Sache und Mache genau trennen zu können.

Die Netto-Struktur eines Lern-Info- oder eines Memo-Punkt-Pits (mehr darüber im Band »KopfRezepte: Erfolgreich Zeit planen«) sieht so aus:

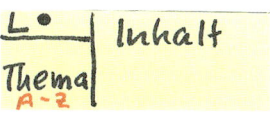

Lern-Punkt

oder

So könnte Ihr Lern-Info-Pit z. B. aussehen und dann unter F wie Feedback ins Capito-Lexikon wandern. Vorzug: Sie können die Pits überall - an der Ampel, im Café, auf Reisen – notieren, und sie dann dort platzieren, wo Sie sie brauchen:
1. im Team zum Vorstellen
2. auf einem Check-Geländer
3. auf einer Arbeits-Karte
4. im Capito-Lexikon zum Behalten etc.

So viel Arbeit würde ich mir doch gar nicht machen.
Vielleicht brauchen Sie das ja nicht. Aber es gibt Gruppen, für die kann es bedeutsam sein, bestimmte Fehler nicht zu wiederholen, sondern grundsätzlicher daraus zu lernen: z. B. Sanitäter: »Patienten-Lagerung – linkes über rechtes Bein« kann von lebenswichtiger Bedeutung sein. Gerade dann, wenn jemand Rechts-Links-Probleme hat, was angeblich bei 60 Prozent aller Menschen zutreffen soll.

Wenn ich es recht bedenke, könnte ich der Müllerin, meiner Sekretärin, ja mal so ein Pit kleben. Ich möchte die Post immer rechts auf dem Schreibtisch haben. Das habe ich ihr auch schon öfter gesagt. Aber sie legt sie mir immer links vorne auf die Ecke, weil sie offenbar auch ein Rechts-Links-Problem hat. Vielleicht könnte ich ja einfach ein Pit an die Stelle auf meinem Schreibtisch kleben, bis sie es intus hat.

Die Form nach Bedarf: Kritik mit System

Kritik zielt auf spontane Änderung. Wer z. B. dauernd vergisst, Terminunterlagen vorzubereiten, sollte das sofort abstellen.

Im Gegensatz zum Feedback bewertet Kritik ganz klar. Beim Kritik-Üben ist das Ziel, möglichst schnell eine Veränderung, eine Verbesserung und/oder eine Klärung zu erreichen. Dazu ist im ersten Schritt besonders wichtig zu unterscheiden, welche Art Kritik-Gespräch Sie führen möchten. Vier Grund-Kritik-Arten stehen zur Verfügung:
1. das Änderungs-Gespräch – da kritisieren Sie;
2. das Step-Lösungs-Gespräch – da werden Sie kritisiert;
3. das Grenzstein-Gespräch – da zeigen oder setzen Sie Grenzen;
4. das Kündigungs-Gespräch – da beenden Sie die Kooperation.

Für alle vier Formen stehen unterschiedliche Strategien zur Verfügung. Wer schwierige Gespräche mit Vistem visualisiert, hat den Vorteil, dass die Wirkung nicht so emotional-stressig ist wie bei Gesprochenem und nicht so unverrückbar hammerhart ist wie bei Gedrucktem. Denn die Pits stehen auch als Symbol für die Haltung: »Ich bin fest, aber dennoch flexibel«.

Ganz in Ruhe – das Änderungs-Gespräch

Statt immer verärgerter zu werden, bitten oder bestellen Sie - je nach Hierarchie-Position – die betroffene Person zu einem Termin. Dazu bringen Sie ein Visual mit Ihren Stör-Punkten auf Pits mit. Auf diese Weise können Sie sich vorab

- Rat holen, die Punkte genauestens durchgehen und vielleicht sogar genau trainieren, was Sie wie sagen möchten.

Im Gespräch stellen Sie die Stör-Punkte vor, indem Sie sie buchstäblich in den Raum stellen. Dazu benutzen Sie entweder einen kleinen Posto oder einen kleinen Präsenter, wie Sie ihn schon beim Präsentieren von Feedback kennen gelernt haben (siehe Seite 30).

So geht's

Bevor Sie die Visual-Präsentation platzieren, begründen Sie Ihr Vorgehen, indem Sie beispielsweise – je nach Rang – sagen,

- dass Sie um die knappe Zeit ihres Gegenübers wissen und sich deshalb möglichst kurz fassen wollen, oder
- dass Sie weniger gestresst sind, wenn Sie Ihr Gedächtnis entlasten, oder
- dass Sie zunächst alles auf einen Blick – im Überblick – präsentieren möchten, damit alle Anliegen gleich klar sind oder
- dass Sie mithilfe der Pits auf dem Visual selbst besser zuhören können – vor allem, wenn Sie erst einmal alle Beschwernisse im Überblick präsentieren (dürfen).

Im nächsten Schritt stellen Sie Ihre Kritik-Punkte zunächst vollständig vor und hören anschließend in Ruhe zu, was das kritisierte Gegenüber dazu sagen möchte.

Ihr Vorteil:

- Sie werden alles los, was Sie stört.
- Form, Inhalt und Rangfolge sind klug durchdacht.
- Aufgrund der Vorankündigung, alles zunächst zu präsentieren, und aufgrund der knappen Form hört Ihr Gegenüber Ihnen erfahrungsgemäß erstmal zu, ohne zu unterbrechen.
- Was Sie loswerden möchten, steht auf dem Visual.
- Alles ist auf einen Blick erkennbar.
- Es gibt keinen Stress durch Memo-Druck.
- Das Gegenüber weiß, worum es geht und das führt schließlich zum Entstressen des/der Kritisierten.
- Zu allen Punkten können Sie gemeinsam nach Lösungen suchen, ohne dass Ihnen beim zweiten Punkt jemand bereits so viel erzählt, dass Sie zum Rest nicht mehr kommen. Das passiert leicht, wenn das Gegenüber gar nicht sehen kann, wie viele Punkte Sie auf der Seele haben.
- Dadurch, dass Sie die Präsentation genau im Dreieck zwischen sich und Ihrem Gegenüber platzieren, gerät das Kritik-Auslösende nicht zum Angriff auf die Person, sondern kann entlastend für alle Beteiligten zur eigenständigen gemeinsamen Sache werden.

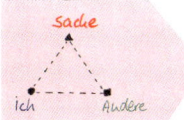

Das Top-Geheimnis – im Dreieck zur Sache

Das Dreiecks-Geheimnis erfährt nur, wer's probiert: eine tiefe Veränderung der Kommunikation => gemeinsame Sache statt Kampf

Das Präsentieren mithilfe des unsichtbaren Dreiecks: »Ich →der/die Anderen → die Sache« vermindert Sie spontan den Stress – unter anderem auch weil die Aggressionen durch die Blick-Chemie sinken.

Wenn das zu Präsentierende auch noch auf einem kleinen Präsenter oder Posto am oder auf dem Tisch ist, leistet das in Einzel-Gesprächen und in Kleingruppen einen besonderen Dienst: Unaufdringlich (understating) geschieht die Veränderung viel unauffälliger, aber tiefer. Die Kleinheit verharmlost die Wirkung und senkt den Widerstand.

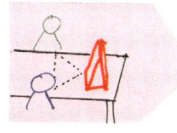

Weiterer Vorzug: Verabredungen, Änderungen, Zu- und Absagen oder Antworten können im Gespräch sofort hinter die Stör-Punkte geklebt werden.

Aber wie reagiere ich, wenn das Gegenüber Unsinn redet?

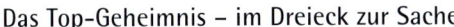

TIPP

Sie nehmen zunächst alles ernst. Wenn Sie keine Antwort wissen, antworten Sie mit dem Zaubersatz »Ich werde darüber nachdenken« und lassen das Gesagte unkommentiert im Raum stehen. Sie haben dann die Chance, Antworten in Ruhe zu durchdenken, einen anderen Weg zu überlegen, den Sie bei einem neuen Termin präsentieren, und zwar so lange, bis entweder Einigkeit oder zumindest Klarheit besteht.

Sie wünschen sich doch von Ihrem Chef mehr Feedback, Herr Auster. Bitte testen Sie an diesem Anliegen ein Änderungsgespräch. Hier ist eine Karte.

Anton Auster schreibt seine Stör-Punkte auf Pits und vistemt sie auf die Karte.

Kritik Muster | Änderungs-Gespräch

Rat — Dr. Meier — 15.9.2000

Wunsch — Feedback — regelmäßig

Ziel — Arbeit — optimieren

Fragen

Leistungen — Welche

Form — wie

Vorschläge — Welche

Frequenz — wie oft

Zeitrahmen — wie lang

Bereitschaft — von wem

Ergebnis

So eine lächerlich kleine Karte? Blamiert man sich damit nicht?

Die Entdeckung ist: »Small ist beautiful«, also klein ist hilfreich: Es senkt den Widerstand und den Stress – auch beim Gegenüber. Wenn Sie im Revier eines Vorgesetzten unaufgefordert anfangen A1-Flipchart-Seiten zu bekleben, ist das ein meist unangemessener Eingriff, den das Gegenüber im Zweifelsfall »rächen« wird. Alle Gespräche – aber vor allem Kritik-Gespräche – stehen unter Strom. Sie bedürfen der Symmetrie, um besser zu funktionieren. Wer steht, stört bereits rein physikalisch dieses »Gleichgewicht mit Augenmaß«. Die andere Person gerät dadurch in die Rolle des Belehrten oder in die »Publikumsposition«. Das bedeutet, Sie zwingen sie unbewusst, Ihnen zu demonstrieren, »wo Gott wohnt«. Und dann ziehen Sie im Zweifelsfall immer den Kürzeren.

Klein, kann wirkungsvoller sein als groß: Präsentationen am Flipchart oder der Pinwand bringen eine Schieflage in die Gesprächssymmetrie: Lehrer-in und Belehrte.

Diesen Prozess vermeiden Sie, durch Mini-Präsentationen, die durch Ihre Kleinheit nichts von ihrer Steuerungs-Qualität einbüßen.

Sie sind ebenso klar und übersichtlich, erzeugen jedoch deutlich weniger Reaktanz. Durch die Farbigkeit und die Pits wirkt das Anliegen weniger bedrohlich und von der Form her eher entstressend. Durch das Kleben und die damit verbundene Flexibilität unterstreichen Sie außerdem Ihre Verhandlungsbereitschaft.

Ihre Änderungswünsche verlieren durch die Methode an Bedrohlichkeit (auch weil sie so scheinbar kindlich daherkommen) und gewinnen zugleich an demokratischer Qualität: hier ist Platz für jede-n und alle-s durch Transparenz, Beweglichkeit und die zu Grunde liegende Fairness, dass niemand »überfallen« wird. Ebenso entscheidend: Je nach Rang ist von besonderer Bedeutung, wie Sie den Vorgang taufen. Bitten Sie Ihr Gegenüber z. B. um »Rat« oder fragen Sie nach »Anregungen«, wenn Sie rangniedriger sind, suchen Sie »gemeinsam nach Lösungen«, wenn Sie Vorgesetzter sind. Die Ideen und Antworten mitpitten. Am Ende des Gesprächs empfiehlt sich, zu zeigen, was Sie verstanden haben. Erkundigen Sie sich, ob Ihre Notizen den Inhalt des Gesprächs korrekt wiedergeben. Mit einem Dank und dem Zaubersatz: »Ich werde darüber nachdenken« halten Sie die Tür offen.

FAZIT

Diese Vorgehensweise hat den Vorzug, dass Sie nichts übereilt absegnen oder auch nichts sagen, was Ihnen hinterher leid tut. Und Sie können ja – dann spürbar weniger aufgeregt – bereits nach fünf Minuten, nach einer Stunde, nach einem Tag oder erst nach einem Monat wieder auf das besprochene Thema zurückkommen. Das genau ist – außer der enormen Gelassenheit, die Sie daraus ziehen – die Freiheit, die Ihnen der Zaubersatz verschafft. Auch diese Methode will trainiert sein und ist eher für Menschen geeignet, die eine »teamorientiertere« Arbeitsatmosphäre wünschen.

»Step« beschreibt den Drei-Schritt:
1. Zuhören, aufnehmen und spiegeln
2. Klastern, durchdenken und beantworten
3. Präsentieren, Pro- und Contra integrieren, umsetzen

Schritt für Schritt – das Step-Lösungs-Gespräch

Diese Gesprächsform können Sie wählen, wenn Sie als Vorgesetzter spüren, dass es dicke Luft oder Streit in der Abteilung gibt und die Arbeit und/oder das Klima darunter leiden.

Dafür:
- Setzen Sie einen Termin für das schrittweise Step-Lösungs-Gespräch. Stellen Sie zum Termin als erstes den Ablauf und die Spielregeln vor.
- Kündigen Sie darin zu Beginn an, dass Probleme und Störungen von Ihnen auf grauen Pits und Offenes, Unklares und Fehlendes auf weißen Pits notiert werden.

Wenn Ihr Gegenüber oder die Gruppe bereits Erfahrungen mit der Methode hat, können Sie vorab darum bitten, dass die Beteiligten selbst auf grauen und weißen Pits Störendes und Fehlendes notieren und zum Gesprächstermin mitbringen – das spart nicht nur Zeit, sondern macht die Äußerungen aller zugleich überlegter.
- Wenn alles »ausgespuckt« ist, wird das Gesammelte noch einmal sichtbar in den Raum gestellt und präsentiert (siehe Seite 30).

Und das alles völlig ohne Kommentar?
Ja, ganz genau. Egal wie schwer es Ihnen fällt: die Kritik auf jeden Fall stehen lassen und den Zaubersatz sagen: »Ich werde darüber nachdenken und (z. B.) am Dienstag, um 15.00 Uhr darauf antworten«. Dann das Gespräch mit Dank beenden.

Und das, gleichgültig was kommt? Wie soll das denn gehen?
Ja, auch das will trainiert sein. Allerdings genießen viele, in dieser Situation gelassen zu sein und ohne den Stress, sofort etwas sagen zu müssen, zuhören zu können. Es entlastet alle Beteiligten enorm, Zeit zum Nachdenken zu gewinnen und nichts zu äußern, was später nur weiteren Ärger verursacht. Wichtiger noch: Es geht darum, tatsächlich in Ruhe alles zu bedenken und überlegt reagieren zu können. Denn auch in einer scheinbar dummen oder ungerechtfertigten Kritik steckt nach dem Muster des Yin-Yangs (siehe Seite 18) stets ein interessanter Kern. Ziel ist, alle Beschwerden als Anregungen ernst zu nehmen und Lösungen zu suchen, ohne unter Druck zu stehen. Es gilt buchstäblich auf alles eine Antwort zu finden – entweder allein, mit Beratung oder mit allen – z. B. bei den Punkten, zu denen Sie selbst keine Antwort finden. Auf den folgenden Seiten sehen Sie beispielhaft ein Step-Lösungs-Gespräch. Auf dem blauen Fond wird der Ablauf der Sitzung vorgestellt.

In der zweiten Phase ordnen Sie nach dem ersten Gespräch sämtliche Kritikpunkte:
- *nach Themen: Arbeit, Umgang oder*
- *nach Lösbarkeit: sofort machbar, schwer lösbar oder*
- *nach Folgeaktivität: Änderung sofort, in Arbeitsgruppen besprechen*
- *oder nichts zu ändern.*

Jedes graue und jedes weiße Kritik-Pit bekommt ein Antwort-Pit.
Die Antworten werden zum verabredeten Termin präsentiert. So erreichen Sie Veränderungen als Prozess. Sie vermeiden Gift-Staus, nehmen Menschen ernst und finden gemeinsam zu optimierenden Lösungen.

Als Spielregeln
zum Beispiel:
- in runden Reden
- Zuhören ohne zu
  unterbrechen
- Alle Punkte
  pitten
- Notiertes
  spiegeln
- Kritik stehen
  lassen

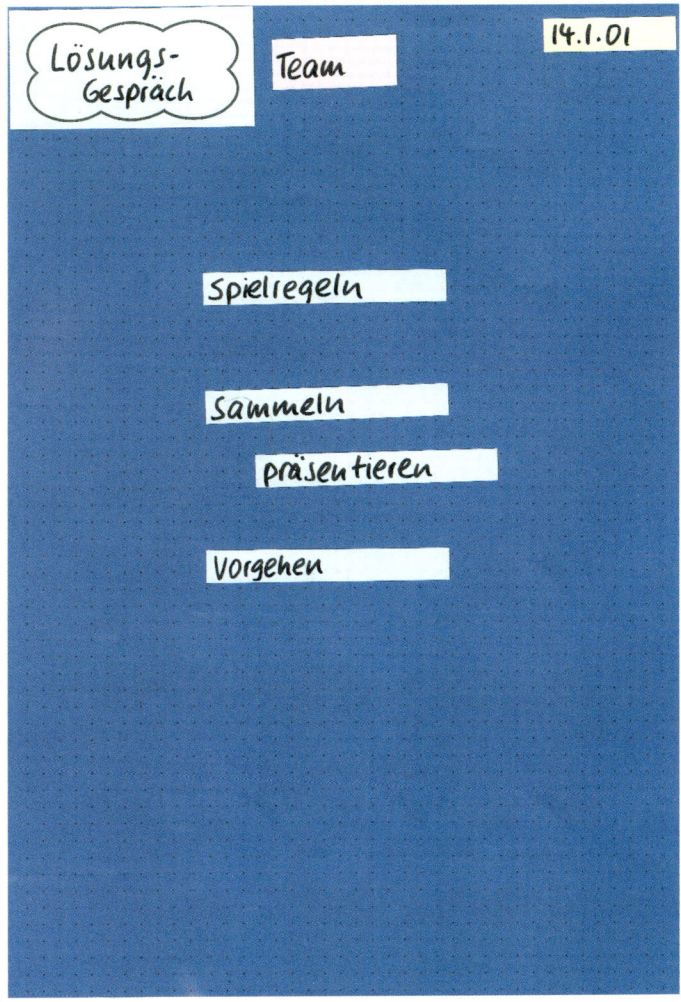

Erstmal 1:1 sammeln und klar sehen
wo's klemmt,
wo's drückt und
wo's fehlt.

Kritik-Punkte

Team

Dienst-plan	ungerecht
sehen	was getan ist
Konferenz	regelmäßig
Anerkennung	zu selten
über-Std.	Bezahlung
Klima	mies
Aufgaben-Aufteilung	ungleich
(T)	oft zu knapp

Hier sehen Sie ein Beispiel für die Qualität des Klasterns: Lösbare Sach-Probleme, klimatische Störungen und offene Punkte werden deutlicher sichtbar, strukturiert und so handhabbarer.

Jedes Pit bekommt eine Antwort: Auch in vordergründig dummen Kritiken steckt immer etwas Kluges, wenn das professionelle Interesse geschult ist.

Der Verlauf der dritten Phase hängt vom Ergebnis ab. Im besten Falle nicken alle oder verabreden Arbeitsgruppen, um zu offenen Punkten eigene Lösungsvorschläge zu erarbeiten. Es kann auch eine Diskussion vereinbart werden, bei der systematisch – auch mit Vistem – das Pro und Contra gemeinsam gesammelt werden. Im schlechtesten Fall pitten Sie ungelöste Streitfragen erneut mit und durchlaufen den Vorgang so lange, bis ein Konsens oder eine Klärung gefunden ist.

TIPP

Wer die Ergebnisse im Beisein aller festhält und kopiert, steigert das Vertrauen (keine gemauschelten, nachträglichen Protokolle) und die Verbindlichkeit.

Steht das Ergebnis am Ende fest, kann es als Kopie verteilt werden. Auch hier ist es möglich, sich mit einem »Konferenz-Feedback« – also mit einer Runde »Auxilius«, dem Feedback für den Umgang – vom Team zurückmelden zu lassen, was der »Erkenntnis-Gewinn«, was »behindernd« und was »hilfreich« in diesem Klärungsprozess war. So erkennen Sie besser, wie es dem Team geht, und wofür Sie selbst oder die Mitarbeiter-innen noch Optimierungs-Chancen sehen. Außerdem verabreden Sie einen Check-Termin, um das Ergebnis zu überprüfen.

Das kann aber alles lange dauern.
Na ja, Optimierungsprozesse, Teamgeist und Demokratie brauchen Zeit. Und bedenken Sie, die einzelnen Abläufe dauern wesentlich kürzer als lange Zank-Debatten eventuell noch mit Betriebs-/Personalrat oder Arbeitsgerichten. Vor allem kostet das Ganze nachweislich weniger Blut, Schweiß und Tränen.

Und was tue ich, wenn ich im Eifer des Gefechts die Punkte nicht richtig verstehe?

Es auf den Punkt bringen

Das ist tatsächlich eine Klippe. Es gibt zwei Wege, sie zu umschiffen: Entweder Sie fragen die Gruppe, wie der Punkt genau heißen soll und/oder Sie trainieren das Mitpitten vorab, um den Kern einer Aussage knapp und fair zu erfassen. Üben Sie anfangs in Situationen, in denen es um nichts geht. Versuchen Sie, zum Beispiel täglich zwei Meldungen der Tagesschau mithilfe der Pits auf den Punkt zu visualisieren und auf den Kern der Aussage zu reduzieren. Oder, wenn Sie in einer Konferenz, einer Veranstaltung nur zuhören, vistemen Sie präzise mit. Das hat den angenehmen Nebeneffekt, dass Sie sich nie mehr langweilen. Denn das Abbilden von Kommunikation ist immer eine spannende Aufgabe, bei der Sie stets etwas für sich selbst tun. Sie begreifen die Struktur von Langeweile besser und können sie für sich selbst vermindern lernen. Und zusätzlich können Sie so für das eigene Reden
trainieren, prägnanter zu formulieren. Auch das Zuhören-Können wird auf diese Weise zur trainierbaren Herausforderung. Wer beides beherrscht, spart später viel Zeit und Kraft im täglichen Umgang mit anderen und erzeugt immer besser handhabbare, weitergehende Ergebnisse.

Wenn nichts läuft – das Grenzstein-Gespräch

Nicht die Zähne ausbeißen, sondern Schranken und Mauern setzen.

Bei dieser Art des Kritik-Gesprächs ist Ihr Gegenüber – eine einzelne Person oder eine Gruppe – das Modell »Harter Knochen«, »Aussichtslose-r« oder »Ausgereizte-r« - z. B. der 60-jährige Chef, der unkündbar ist und sich nicht mehr verändern will.

Für diese Menschen pitten Sie zunächst:
1. Was Sie stört auf graue Pits, die Sie auf einen grauen Farb-Fond kleben.
2. Ihre Wünsche und Ziele kommen auf grüne Pits und auf einen grünen Farb-Fond.
3. Ihr erstrebtes Resultat mit roten Pits auf einen pinken Fond fixieren, wenn Sie der Chef sind, und auf einen Fond in Mint (hellgrün = Vorschlag), wenn Sie untergeben sind.
Dieser Vorgang soll zweierlei bewirken: Ein Brainstorming und ein Abladen. Denn das Wort »aufheben« hat ja im Deutschen zwei wunderbar gegenteilige Bedeutungen: »aufheben« heißt »bewahren« und »entfernen« zugleich. Dieser Effekt ist bei dieser Gesprächsart besonders erwünscht.
Je nach Situation und Dramatik zeigen Sie entweder diese drei Visuale mit einem Ablauf-Visual als Erstes (Motto: Erwartungen bahnen und Zuhören begünstigen). Oder Sie machen – strategisch geschickt – daraus für den Ernstfall eine klare, knappe Grenzstein-Karte – z. B. auf Din A5, sand (= Protokoll-farbe) mit der »eingedampften« Botschaft »Bis hierhin und nicht weiter«. Wer untergeben ist, sollte die Punkte taktisch klug verpacken.

So funktioniert's
1. Wie beim Änderungs-Gespräch (siehe Seite 44) begründen Sie zur Gesprächs-Eröffnung die Form Ihres Vorgehens:
»Ich habe die für mich wichtigen Punkte visualisiert,
- weil ich kurz und klar ...,
- weil ich nichts vergessen möchte,
- weil ich so ohne Stress und Ausfälligkeit reden kann.«

2. Zum Präsentieren stellen Sie die Karte sichtbar in den Raum. Genau im Dreieck zu Ihrem Gegenüber und sich selbst.

3. Wichtig ist: Sie sagen tatsächlich nur, was Sache ist und was auf den Pits steht. Dann lassen Sie das Gesagte konsequent stehen, warten die Wirkung ab, bedanken sich (gegebenenfalls) für das Gespräch und enden mit dem Zaubersatz.

4. Wenn keine Besserung eintritt, wiederholen Sie den Vorgang nach einiger Zeit. Schließlich ist auch Grenzen-Lernen ein Prozess, den Sie sich selbst, aber auch anderen gestatten sollten.

TIPP

Erst trainieren, den Ernstfall proben, dann erst Visuale einsetzen. Im Zweifel helfen die gestalteten Geländer auch als Denk- und Memohilfe im Kopf.

Solange Sie sich im Umgang mit Pits und Visualen unsicher fühlen, sollten Sie deren Einsatz in solch bedeutsamen Situationen vermeiden. Um sicherer zu werden, können Sie das Pitten und Vistemen so lange für sich oder in einem geneigten, interessierten Umfeld trainieren, bis es Ihnen ganz selbstverständlich erscheint. Und im Notfall haben Sie die aufgeklebten Punkte ganz schlicht für das Gespräch als bildhaftes Rede-Geländer im Kopf abgespeichert. Auch das nutzt. Allerdings kann Ihnen dann nicht das Dreieck-Geheimnis hilfreich zur Seite stehen. Denn das ist tatsächlich der springende Punkt, den Sie aber nur in der Praxis erfahren können.

TEST

»Rollenspiel«

Thea Testalina und Anton Auster spielen die Situation zweimal durch: einmal ohne und einmal mit Karte.

Am besten, Sie testen. Im Modell-Rollenspiel dazu geht es um den Fall einer Sekretärin, die von ihrem Chef wegen Fehlern beim Schreiben und wegen ihrer Figur beleidigend angemacht wurde. Außerdem rast er immer durch das Vorzimmer, schmettert mündlich ein paar Aufträge hin, die sie in diesem Tempo gar nicht auf einmal behalten kann.

Vorschlag: Hier ist die Grenzstein-Karte dazu. Sie Herr Auster, spielen die Sekretärin und ich den grenzüberschreitenden Chef. Ein Rollenspiel ohne und eines mit Karte.

Das ist verblüffend. Da Sie ja einen echten Kotzbrocken von Chef gespielt haben, hatte ich es gar nicht so leicht. Tatsächlich habe ich Sie in meiner Rolle als Sekretärin durch die Karte gezwungen, mir zuzuhören. Ich hatte das Gefühl, dass ich Ihnen in dem Spiel mit Karte viel sachlicher deutlich machen konnte, dass bei mir Grenzen erreicht sind. Da habe ich ja sogar souverän Lösungsvorschläge gemacht. Dieser Chef wird sich sein Verhalten sicher in der nächsten Zeit etwas besser überlegen.

Wenn nichts mehr geht – das Kündigungs-Gespräch

Immer ein harter Brocken: Die Notbremse ziehen und Schicksal spielen müssen.

Die letzte Gesprächsform ist das Kündigungs-Gespräch – immer eine sehr unangenehme Angelegenheit, die allen Beteiligten an die Nieren geht. Eine gute Gesprächsvorbereitung und sensible Vorgehensweise ist dabei ebenso schwierig wie wichtig.

So geht`s

1. Schritt: Pitten Sie mit Vistem alles auf, was zu der Kündigungs-Entscheidung geführt hat. Ordnen Sie dann nur das Wichtige auf einem Visual (siehe Seite gegenüber). Bedenken Sie bei der Vorbereitung:

- was klar zu sagen ist,
- was nur kränkt,
- was böses Blut gibt und
- überlegen Sie, wo dieser Mitarbeiter oder diese Mitarbeiterin richtiger sein könnte.

2. Schritt: Wenn Sie mögen, können Sie den Entwurf vorab jemand Vertrautem zeigen. Oder besprechen Sie die Punkte notfalls am Telefon mit der Personalabteilung und/oder dem Betriebs-/Personalrat. Ergänzen oder ändern Sie wichtige Einwände.

3. Schritt: Begründen Sie wie beim Änderungs-Gespräch (siehe Seite 44) und beim Grenzstein-Gespräch (siehe Seite 54) der Person, der gekündigt wird, Ihre Vorgehensweise. Stellen Sie auch bei diesem Gespräch das vollständige Kommunikations-Dreieck (siehe Seite 45) zwischen Ihnen beiden her. Nach der Präsentation hören Sie nur zu, bedanken sich für die guten Phasen der Kooperation und bieten – nur wenn der Wunsch echt ist – einen Wiedersehens-Kaffee an.

Die gesamte Situation ist zwar heikel, aber auf diese Weise verliert niemand das Gesicht. Das ist ein besonders zentraler Punkt für die visualisierte Vorgehensweise: im entscheidenden Moment, nämlich genau dann, wenn Sie die Kündigung aussprechen, müssen Sie nicht in die Augen des Gegenübers schauen – was ohne eine Visualisierung komplett ungehobelt wäre. Das Visual erlaubt Ihnen – entlastend in der Schrecksekunde – gemeinsam auf die sachzentrierende Karte zu blicken und damit das Gesicht Ihres Gegenübers zu wahren.

Die Person kann so ein Stück ihrer Würde wahren und geht anschließend nicht total ver- oder zerstört aus dem Zimmer.

Sagen und zeigen, was Sache ist. Versöhnlich enden, denn »auch der Zorn gegen die Niedrigkeit verzerrt die Züge.« (Berthold Brecht)

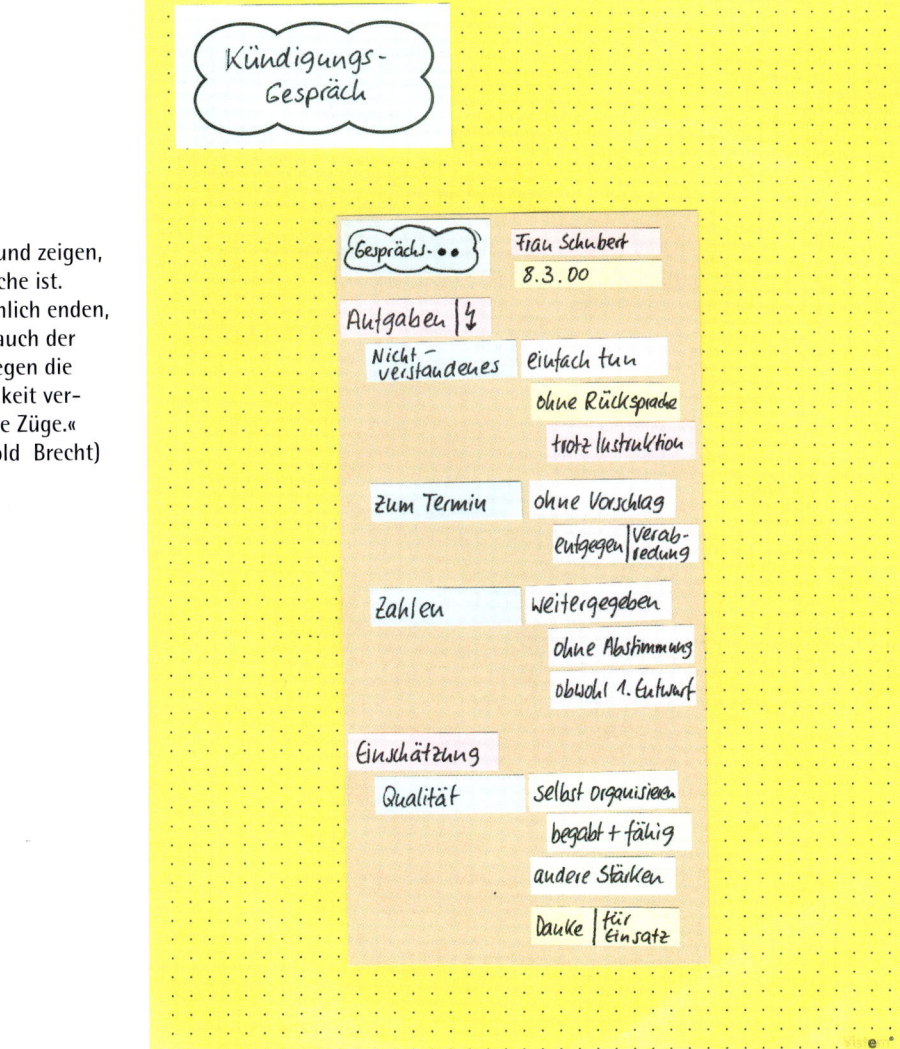

Als Essenz – die Capito-Seite

Am Schluss gebündelt: von sich abtrennen, sagen und zeigen, das Gesicht wahren, ist Klima-Arbeit für eine veränderte Umgangs-Kultur.

Zum Abschluss, als Essenz sozusagen – gebündelt die Absichten dieser Form des Umgangs mit Kritik als Erkenntnis-Gewinn.

Die Vorzüge durch das Vistemen sind:

- Die Sache steht – vor- und wohl-überlegt – knapp und klar im Mittelpunkt. Damit ist das Ziel die Sache, nicht der Kampf.
- Sie selbst sind durch die Vorbereitung entstresst, gelassen, eindeutig und respektvoll.
- Dadurch steigen Geschick, Takt, Sicherheit und Mut – nur ängstliche Menschen reagieren in Arbeitszusammenhängen trampelig und aggressiv.
- Die Form symbolisiert Transparenz und Präzision.
- Gleichzeitig zeigen Sie dadurch, dass Sie da, wo es wichtig ist, ebenso fest wie flexibel und verhandlungsbereit sind. Denn im Gegensatz zu Gedrucktem steht nichts fest.
- Da der Blickkontakt durch das Schauen auf das Visual unterbrochen werden darf, sinken störende Chemie und Aggressionen, was alle Beteiligten entlastet.
- Sie wahren die Würde, die eigene und die der anderen Person, weil Sie in kränkenden Phasen dem Gegenüber nicht in die Augen schauen, was normalerweise feige und unhöflich wäre.
- Überflüssige Kränkungen und Beschädigungen werden auf diese Weise reduziert. Und das nicht nur aus Humanitätsgründen, sondern auch sich selbst zuliebe. In einem derart gedeihlichen Klima werden schlicht bessere Ergebnisse erzielt. (Sonne => Wärme => Früchte wachsen).
- Sie stoppen damit häufige Personalwechsel (Stichworte: Fluktuation und Migration) und tragen aktiv zu einer angenehmen und vertrauens-vollen Atmosphäre bei.

Noch ein Vorschlag, wenn Sie sich am Ende des Tests fragen, was Sie das alles behalten wollen. Für das Wichtigste auf einen Blick dient der Überblick auf der Trainings-Karte (siehe Rückseite innen), auf der Sie sich das, was Ihnen gefallen hat, aussuchen und trainieren können. Wer Sie selbst im Umgang mit Vistem mehr Sicherheit erlangt hat, kann Mitarbeiter-innen-beteiligen. Sie werden spüren, wie sich der Umgangston und das Klima in Ihrem Umfeld durch Werkzeuge und Methoden zum Positiven verändern kann.
Damit Sie nicht aus der Übung kommen, dient das Pit-Kit zum Testen.

Erfreulich wäre, wenn Sie – WOSE-Denk-Rosetten-gemäß – über Ihre weiteren Erfahrungen, Erkenntnisse und eigenen Entwicklungen schreiben per Adresse:
Kopf-Rezepte, Stichwort »Feedback und Kritik«
Midena-Verlag
Hilblestr. 54, 80636 München

Die Kernpunkte zum Visualisieren mit System auf einen Blick.

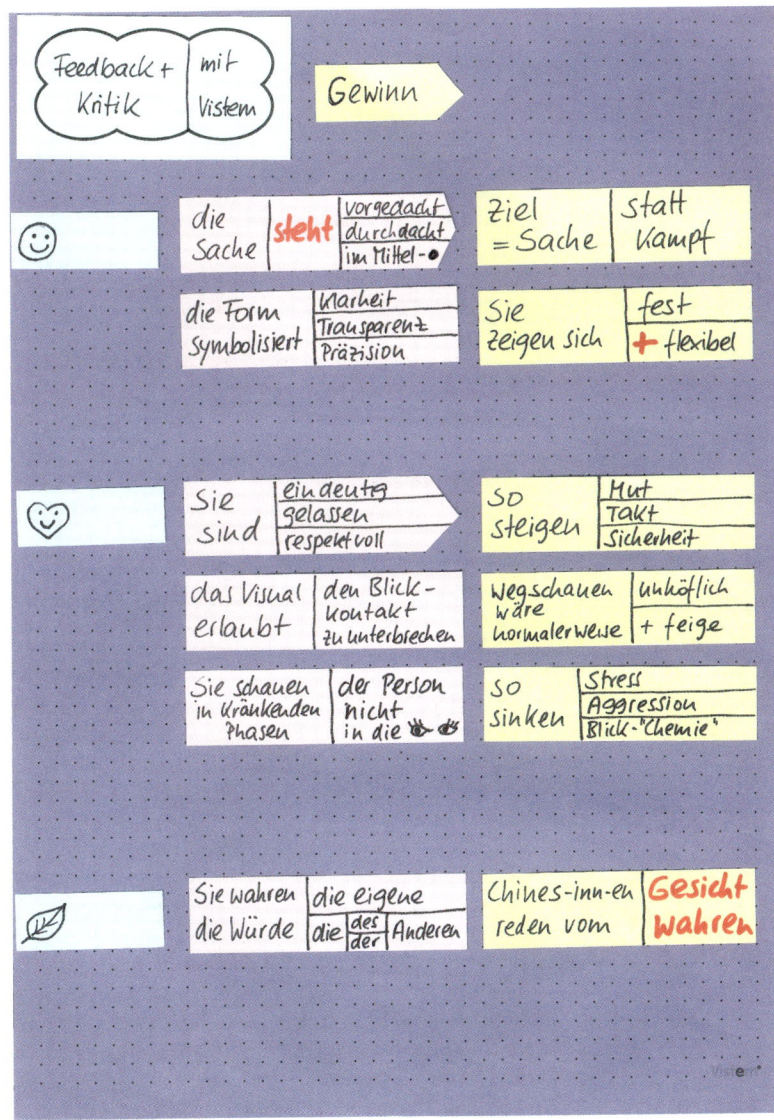

Praktische Werkzeuge für eine veränderte professionelle Kommunikation mit sich selbst und mit anderen, die mit genial einfachen Hilfsmitteln und Methoden die Umgangs-Kultur in der Tiefe optimiert.

(Noch ein Tipp für Ihr Pit-Kit, das dem Buch beiliegt: Wer eine 0,4-Pilot-Stift-Mine kauft und hinten mit der Schere kürzt, hat ein Top-Schreib-Gerät für die Stift-Mulde.)

1 = Kit
1a = Text-Klick, 1b = Team-Klick, 1c = Plan-Klick, 1d = Mini-Klick
2 = Vistem-Elefant mit eingeklapptem Pit-Ohr
3 = Vistem-Klemm-Bord mit versenkbarem Magno-Schub
4 = Posto–Transparent-Ständer A4 mit Zauber-Band zum Hin- und Wegkleben von Einzelblättern
4a = Posti – der kleine Ständer für Karten (TAG-, WEG-, Frage-Karten etc.)
5 = Präsenter als Archiv, zum Transport und zum Präsentieren überall
6 = Vistem-Karten mit Pünktchen-Rasterung zum Gerade-Kleben (denn schief = Info)

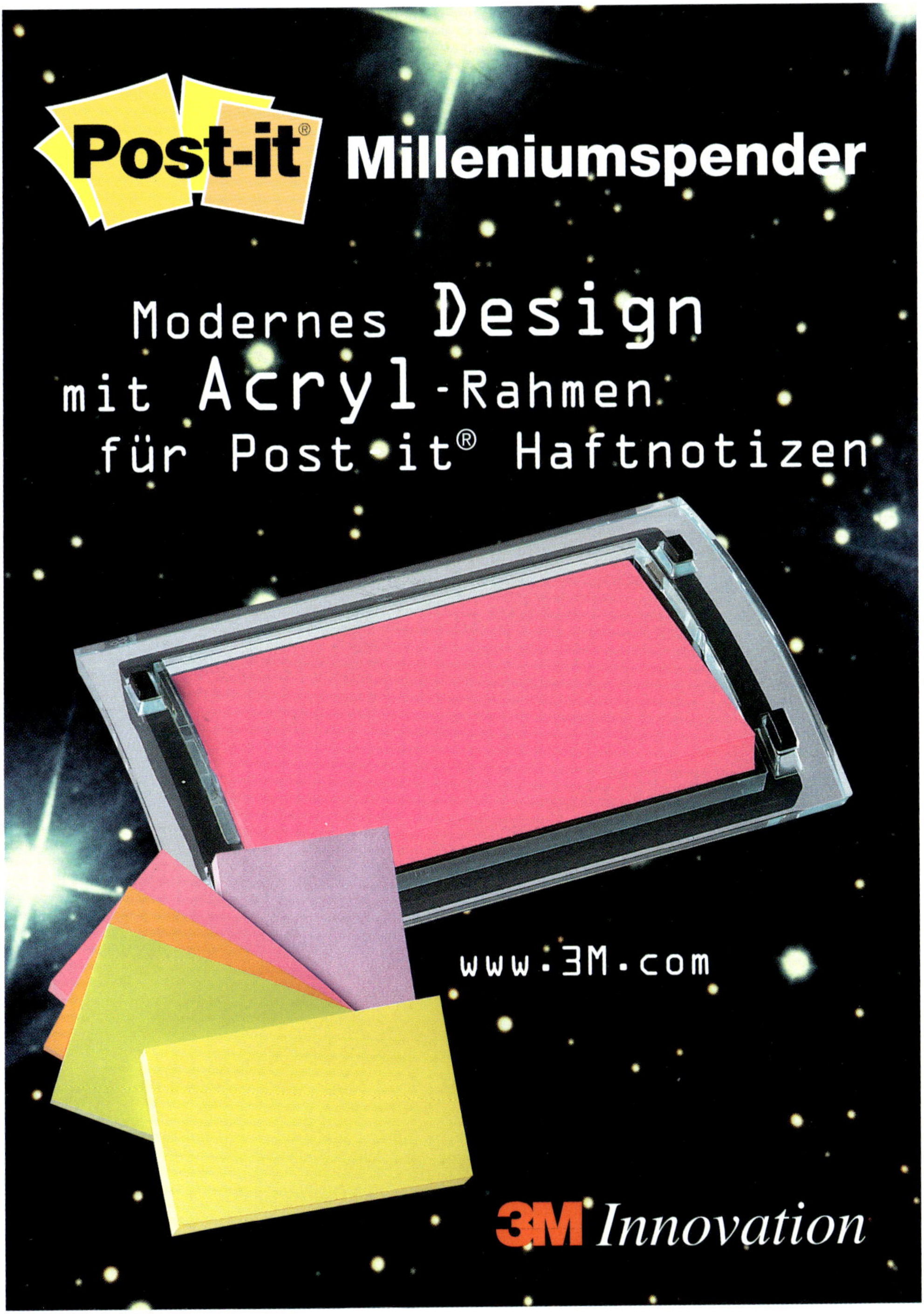

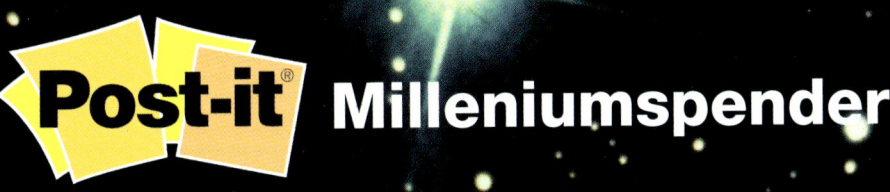

Post-it®
Milleniumspender
Modernes Design
mit Acryl-Rahmen
für Post-it® Haftnotizen
www.3M.com
3M Innovation

Carmen Thomas © 2000
Midena Verlag, München © 2000
Weltbild Ratgeber Verlage
GmbH & Co. KG

Projektleitung: Redaktionsbüro Maryna Zımdars, München
Herstellung: BuchHaus Robert Gigler GmbH, München, London
Umschlagentwurf und Innenlayout: Kraxenberger, München
Satz: BuchHaus Robert Gigler GmbH
Reproduktion:
Repro GmbH, Landshut

ISBN 3-310-00661-1

Über die Autorin

Carmen Thomas, geboren 1946, startete nach ihrem Studium der Germanistik, Anglistik und Pädagogik als Moderatorin beim Westdeutschen Rundfunk in Köln. Seit 1990 ist sie dort Abteilungsleiterin. Bis 1994 war sie 20 Jahre lang wöchentlich drei Stunden mit der ersten systematischen Mitmach-Sendung »Hallo Ü-Wagen« in Nordrhein-Westfalen unterwegs. Aus dieser Arbeit entstanden ihre Bücher: »Hallo Ü-Wagen, Rundfunk zum Mitmachen, Erlebnisse und Erfahrungen« und »Willi, kannze mich hören«. Bestseller wurden »Ein ganz besonderer Saft - Urin« und »Berührungsängste - vom Umgang mit der Leiche«. Ihr Buch über die internationale Anwendung von Urin, »Blick über den Zaun – Erfolge mit Urin weltweit«, erschien 1995. Der Band »Erfahrungen mit Urin« erschien 1996.

Dieser Bereich ist jedoch nicht ihr Hauptthema. Der Schwerpunkt ihrer Arbeit stammt aus ihrem Umgang mit dem Publikum beim WDR, bei zahlreichen Veranstaltungen, bei Beratungen, bei Coachings und halbjährigen Seminaren. Dort sammelte Carmen Thomas seit 1968 wichtige Erkenntnisse darüber, wie Kommunikation besser funktioniert.
In allen Publikationen zu diesem Thema fasst die Autorin praktische Erfahrungen und handfestes Wissen in Bezug auf die Bedürfnisse und Gesetzmäßigkeiten von Klein- und Großgruppen zusammen. Die Spezialität der Kommunikations-Expertin sind interaktive Gruppen- und Veranstaltungs-Methoden. Aus dieser Arbeit wurde die neuartige Denk-, Kommunikations- und Handlungs-Methodik Vistem - Visualisieren mit System - in der Praxis entwickelt (Vistem®, Patent-Anmeldenummer PCT/DE94/00149).

Bücher zum Thema Kommunikation

- Vistem – der klare, schnelle Weg zur Sache, 1996, Versand: ETM GmbH
- Vom Zauber des Zufalls, Köln 1998
- Das Anagramm-Geheimnis - vom Sinn und Hintersinn im Namen, München 2000
- Erfogreich Zeit planen mit Vistem, München 2000
- Erfolgreich mit Kritik umgehen mit Vistem, München 2000

Bezugsquelle für Pit-Nachschub und weitere Vistem-Materialien ist der Versand:
ETM GmbH
Postfach 450368
D-50878 Köln
Tel. und Fax: 0221-4973843
(Bitte der Firma: Alle Anfragen und Bestellungen schriftlich, um Missverständnisse zu reduzieren)